陈默老师家庭教育支招系列

陈默 著

家有幼儿

给烦恼父母的十二堂课

上海教育出版社
SHANGHAI EDUCATIONAL PUBLISHING HOUSE

# 序

"我的孩子总是打人,这是怎么回事?""我儿子不肯好好吃饭,愁死人了,怎么办?""我女儿一听要去幼儿园就不停地哭,有什么办法?""周围的孩子都开始上早教班了,我们到底要不要上?"

听着幼儿父母的这些问题,我会暗自发笑。这些父母太焦虑了,看不得自己的孩子有一点点"瑕疵",不能忍受孩子任一方面输给其他孩子。他们初为父母,既没有经验,又没有等待孩子长大的信念,很容易方寸大乱。不仅夫妻之间常为孩子之事争吵,连老人也会卷入家庭纠纷,一个孩子弄得全家人精疲力竭。

有必要给初为父母的人讲讲课,缓解他们的紧张不安。我的这十二堂课的目标是,让幼儿父母了解幼儿成长规律,掌握一定的育儿方法,建立养育幼儿的信心和信念。这十二堂课尽量涉及大多数幼儿父母关心的教养方面的问题,还加入了一些实践案例,给幼儿父母作参考。我希望幼儿父母可以在养育方面更有自信心,不心浮气躁。

幼儿阶段孩子顺利成长的关键因素是家庭。一个有正确认知,能够合理、科学地养育孩子的家庭,才能培养出一个发育良好、潜力无限的孩子。这同时能为孩子下一个阶段的课堂学习,在神经发育、体能、思维品质等方面打下基础,使他们成为未来的优秀学生。

陈默
2019 年 7 月

目录

1　**第一堂课：**

管理幼儿的基本原则

没有一种理论可以套用到所有孩子身上，每个孩子都与众不同，父母需要在互动中探索，才能获得真正适用的经验。

不要制造恐惧
最好的奖励是什么
用不关注使不良行为消退
立规矩要有正确的原则
父母不要做的事
用不同方式对待幼儿的反抗

19　**第二堂课：**

家庭教育塑造幼儿的个性

不同的气质、家庭教养模式和氛围会深刻影响幼儿的个性发展。我们都希望自己的孩子可以拥有积极的个性，成为受欢迎的人，这是可以做到的，父母应该有所作为。

不同气质的孩子都可以拥有积极个性
养育安全型孩子
最佳育儿组合
教养方式的雷区
和谐家庭养育幸福的孩子

35 **第三堂课：**

幼儿的社交训练

现在的孩子智商高，聪明又好学，但我们常忽视孩子情感的发展，使他们缺乏共情能力，出现社交困难，孩子深感孤独。

培养幼儿的共情能力
让幼儿玩高级游戏
父母对幼儿社交能力的影响
有社交困难的孩子
带领幼儿学习社交

49 **第四堂课：**

重视幼儿的道德教育

低层次的竞争是体力的竞争，中层次的竞争是智力的竞争，高层次的竞争一定是道德的竞争。

幼儿需要理解的道德概念
道德认知水平与早期经验
言传身教是最好的教育方式
影响幼儿道德行为的两种能力
榜样的影响力

63 **第五堂课：**

培养幼儿的独立性

独立是一个人发展的需要。一个人始终不能独立，就会停滞发展，跟父母黏在一起，成为现实生活中的"啃老族"，成为没有独立意志的人。

不要妨碍幼儿独立探索世界

盲目的"直升机父母"
培养幼儿独立性的方法
独立性小测试

75　第六堂课：

增强幼儿的自控性

父母无法放手，就无法培养出具有自控性的孩子，因为人不会在他人控制自己生活的情况下发展出自控能力。

影响自控力的因素
正确面对自控力差的孩子
让幼儿学会延迟满足
当孩子行为失控
帮助情绪失控的孩子

89　第七堂课：

两孩教育要点

当第二个孩子出生，父母不能幻想两个孩子的相处始终会很美好，要主动了解和学习两孩相处模式和应对方法。

两孩父母的心理准备
家有两孩的利与弊
姐弟模式中的牺牲者
不同性别组合的影响
两孩家庭的关系模式

107 **第八堂课：**

隔代教养的特点

隔代教养的基本原则是，角色边界一定要搞清楚。老人是帮手，仅仅是帮手，不是主宰，不能取代父母的位置。

隔代教养的类型与特点
情感争夺战
婆媳矛盾
孩子不能成为牺牲品

119 **第九堂课：**

处理幼儿的分离焦虑

幼儿依赖妈妈是本能。当妈妈离开，幼儿会出现分离焦虑，经历哭泣—恐惧—无奈三个阶段的变化。处理好与妈妈的分离，幼儿会充满安全感。

幼儿的心理变化
淡定处理入园焦虑
为何孩子不肯入园

129 **第十堂课：**

做好幼小衔接

幼小衔接的核心任务是，不要让幼儿带着恐惧感进入一个新环境。父母要进行正面引导和暗示，让幼儿期待和乐于入学。

幼儿的心理建设
怎样顺利适应上课和做作业

不要制造焦虑
帮助孩子掌握学习技能

第十一堂课：

增加动作训练

在幼儿阶段需要增加动作训练，运动能力差绝非小事，它不仅影响学习，而且影响幼儿的社交表现和自信心的建立。

丰富的动作训练很重要
重视幼儿的运动能力
动作训练的原则与简易方法
帮助有运动障碍的幼儿

第十二堂课：

多动症的评估与矫正

患多动症的孩子常面临注意力不集中、社交困难、难以控制行为等诸多问题，他们是弱势群体，父母要付出更多努力，保护自己的孩子。

好动不代表多动
多动症的诊断要点
干预注意事项
父母要成为守护者

第一堂课：

管理幼儿的基本原则

没有一种理论可以套用到所有孩子身上，每个孩子都与众不同，父母需要在互动中探索，才能获得真正适用的经验。

不要制造恐惧

有些老师对学生非常严厉,每个人都怕他,上课时学生战战兢兢;有些老师对学生和颜悦色,上课的氛围很轻松,学生的心情非常愉快。期末考试后,猜猜看哪种老师教出的孩子学习成绩好?一定是后一种老师教出的孩子考得更好,因为他们不会陷入恐惧,恐惧会抑制孩子的智慧与成长。

在家庭教育中也是如此。来到我面前的父母,基本上都搞不定孩子。父母管孩子是一件很累的事情,但如果原则掌握得好,善于管理,与孩子逐渐磨合后就会轻松很多。违背了基本原则,以后会非常累,问题层出不穷。

管理幼儿,父母一定要注意自身的理念,我们跟孩子在一起有一个最基本的原则——不能让孩子陷入恐惧。无论用什么样的方法,核心原则就是不能制造恐惧。

有时候父母没有意识到,父母讲的话或做的事会让孩子恐惧。恐惧会影响一个人整个身心的发展,如果幼儿陷入恐惧,他的身高甚至都会受影响。按照父母的身高,他本来可以长到一米八,如果后来只长到一米七,除了要考虑营养和运动因素之外,还要看看他的家庭氛围。在比较宽松的家庭环境中成长的孩子,尤其是男孩子,身高会比父母高很多。身体尚且如此,心理的影响可想而知。深感恐惧的孩子,其认知表现不会好,会看起来"笨笨的"。

家庭中会让孩子恐惧的往往是父母的惩罚。我不反对父母惩罚孩子,孩子的教育中不可以没有惩罚;没有惩罚的教育肯定是缺了一个维度的教育,是不完整的教育。但很多父母其实不懂该如何惩罚孩子,他们一听到惩罚就联想到体罚或者打骂,这当然不可行。

惩罚的原则是:惩罚前必须先预告,让孩子知道父母不允许做这件事,以及这样做需要面对什么样的后果。比如告诉孩子,不可以乱扔玩具,否则会罚他面壁十分钟。讲完后,如果孩子再次扔玩具,就按照讲过的规则,让他面壁十分钟。父母预告过了,接下来的惩罚才是合理的,孩子才会心服口服,行为有序。如果父母不告而罚,或者惩罚时情绪失控,对着孩子大喊大叫,就会给孩子造成不安全感和惊恐感。

让孩子知道前因后果,理解父母的行为,即使被惩罚,也不会给孩子留下痛苦的回忆。

最好的奖励是什么

对待幼儿,我们要尽可能采用奖励这种方法,慎用惩罚。无论幼儿的行为在父母眼中是好的还是不好的，都可以用奖励的方式去鼓励或纠正。

有的父母不理解——不好的行为还奖励？当然不是，此时要奖励的是孩子的不好行为变少了。一个孩子每周有五天在家中不穿拖鞋，下周如果孩子只有四天不穿拖鞋，就可以奖励他。孩子是喜欢父母奖励他的，我们要尽量用孩子喜欢的方式引导他的行为。在维持好的行为方面，同样可以如此操作。比如孩子把玩具整理得很整齐，父母紧接着说："宝宝，你今天把玩具整理得很好，做得真棒！"孩子有好的行为之后立刻奖励，他会马上知道这种行为是父母希望看到的。

最好的奖励是什么样的奖励？以上就是一个示例：它既是一个及时奖励，又是一个指向具体行为的奖励。

奖励指向具体行为是说，奖励不要"假、大、空"，不要指向整个人，而要指向具体的事情和行为。在上面的例子中，如果父母说，"宝宝，你真是一个乖孩子"，就不如说，"你今天玩具整理得很好"。有的父母喜欢说："你真棒，你真是一个好孩子。"这就不是一个好的奖励，它针对的是整个人。如果奖励针对整个人，对孩子来说就是无效的和有压力的，因为孩子不知道父母喜欢什么样的行为，只知道做得不好他就不是一个"好孩子"。这有点像过去搞"三好学生"评选，要选出思想好、学习好、身体好的孩子，让全体孩子向"三好学生"学习。这让孩子怎么学呢？没有具体的行为标准，他就不知道要学什么以及如何学。要让孩子学习的东西，一定要能看得到。"小明扫地扫得好,墙旮旯也扫得很干净。"此时让孩子向小明学习,他才知道该学什么——扫地要扫干净,墙旮旯也要扫到。

奖励可不可以晚一点兑现?也可以的,有一种方法叫代币法,我们经常在家庭里使用。比如孩子今天把玩具整理好了,父母给他一颗五角星;等孩子收到五颗五角星,就可以和父母兑换一个奖励——打游戏一小时或者买个心仪的玩具。这就是让孩子等一等,学会等待。但父母需要及时给出五角星,发现孩子的好行为后立即给他一颗。

现在还要注意的一个问题是,表扬不可太泛滥。这是目前常见的问题,父母连孩子的日常行为也要表扬,比如洗脸和刷牙,这种事情有什么好表扬的?不表扬他也需要做啊!这种行为也要表扬的话,会使孩子得到表扬才肯做事情,得不到表扬就不肯做。做事的动力是获得表扬,而不是发自内心。在家里,父母还可以配合他,天天表扬他,等将来他进入学校,老师未必能像父母那样不断表扬,他就不做某件事了,就没法适应环境了。这就是滥用表扬的后果。

父母要表扬的不是日常行为,而是希望孩子再次出现的行为。比如孩子把玩具收拾好了,父母希望孩子以后都如此做,就表扬了这种收拾玩具的行为,告诉孩子,"玩具收拾得真整齐,妈妈很高兴"。当然,除了口头表扬,也可以用物质奖励他,带他去吃喜欢吃的食物等。

很多父母奖励孩子时既没有原则,又没有良好方法。他们管理孩子是视心情自由发挥的,想骂就骂,想哄就哄。就像传统的管理模式,没有什么理论依据,依照管理者的心态行事,或者按照管理者自身的理念行事。但事实上,如何奖励孩子有心理学理论的支撑,必须依靠科学方法,才能获得想要的效果。

用不关注使不良行为消退

为什么父母讲了千百遍,孩子就是做不到,不肯听?这是我听到过无数次的问题。

现在很多孩子从出生起就是整个家庭的中心,备受家人的宠爱。但在外部环境中,比如在学校里,老师给予的关注没有那么多,就会让习惯被关注的孩子很不适应,甚至作出一些违纪行为,以吸引他人的关注。最头疼的是,他并不觉得这样做是错的。如果不及时引导,这类孩子会越来越难管教。

父母可以让孩子的不良行为消退——"消退"这个词是针对幼儿说的,尤其是三岁以内的孩子。三岁以内的孩子非常需要父母的呵护和关爱,这个时候的不良行为用不关注就可以使其自然消退。如果父母发现了幼儿的不良行为,排除身体不舒服、饿了等生理因素后,确定他之所以这样做是为了吸引父母的注意力,就可以采用这一方法。例如孩子赖在地板上不肯起来,父母可以这样做:孩子躺下来后,父母装作没看到——脸上的表情不要很可怕,要若无其事地去做其他事情。比如父母开始聊昨天看过的电视剧,如果孩子开始哭，父母就聊得更大声。父母不要转头去看孩子，去安慰他。无视就会引起消退，孩子知道这种行为不起作用，自然就不会再这样做了。

父母和老师如果不理解孩子的这种求关注的行为，就会把事情弄复杂。我曾经遇到一位老师，他教小学一年级，班里有个孩子一入学就引起公愤，其他孩子的父母甚至要求他退学。这个刚上一年级的孩子做了什么？他第一天到校，老师在讲台上讲话，他就把一条腿放到桌子上。我们可以想一想，他为什么这样做？他想让老师注意他。这么多人在教室中，怎样才能让老师看到他呢？当然是作出出格的行为，比如把腿放在桌子上。这类孩子是自我中心型孩子，在家里被父母和爷爷奶奶、外公外婆宠着，习惯了做核心人物。他把腿放在桌子上后，老师走过来制止他，他倒是听话了，把腿放下来。老师走后，他又把另外一条腿放上去。老师发火了，他再收回来。等一会儿老师一走过去，他把两条腿都放上去。老师弄个小凳子让他坐门口，他就在门口摇晃凳子。凳子翻倒了，全班小朋友哄堂大笑。实际上，如果这位老师知道，这个孩子是想引起他的注意——能否意识到这点，与老师的觉察力有关——他是完全有办法处理这个问题的。

老师的做法可以很简单：无视他。我这么一说，这位老师就急了："这不扰乱课堂秩序？小朋友都看着呢！"我告诉这位老师，孩子第一次把腿放在桌子上时，他就可以当作没看到，还可以引导小朋友都不看这个捣乱的孩子。比如他可以即刻对小朋友说："请大家看看窗外的那棵树，它是一位老爷爷种下的。现在长得多好啊，枝繁叶茂，谁能猜到它有多少岁了？"小朋友都去看那棵树，谁会来看这个捣乱的孩子？过几分钟，根本没人留意和搭理这个孩子，他自己就感到没意思，会把腿放下来。如果老师按照这个孩子的模式走，孩子会变本加厉，最后不可收拾，课堂大乱。

对于父母，在家中就要学会让孩子的不良行为自然消退。很小的孩子不需要生硬地立规矩，三岁之后孩子成长到一定阶段，自我约束的萌芽出现了，我们才能立规矩。三岁前，孩子的语言理解还处于初步发展的阶段，更高的要求根本无从谈起。

很多父母非常焦虑，他们的家庭教育是超前的，希望孩子两岁写字，三岁懂规矩，能够坐着安静上课。哪里有这么好的事情？幼儿园也不会要求三岁的孩子很守规矩。如果是男孩子，心理发展更慢，更不适合很早就立规矩。

立规矩要有正确的原则

在家庭教育中，常常会碰到这样的现象：同样一件事，妈妈是这样讲的，奶奶却是那样讲的；对于玩游戏，爸爸不反对，妈妈却严格限制；在看电视时，妈妈会限制时间，爷爷却可以让孩子看一个下午。这种情况下，孩子到底听谁的？

这是立规矩时最常见的问题——家里人各说各的，发出混乱、不一致的指令，让孩子不知所措。孩子实际上是喜欢有规则的，有规则他才清楚该怎么做。全家人要先形成共识，然后告诉他这件事情我们怎么操作。会带孩子的人，话应该不多；家里全是指挥的声音，反而乱七八糟。

立规矩时有几个原则：

首先，不要一下子立很多规矩。先在简单的事情上立规矩，孩子形成习惯后，再立第二个规矩，逐步推进。

其次，只有需要和成人合作的事情，才能立规矩。孩子不会的事情，不存在立规矩的可能性。像上床睡觉、起床、看电视这种事情，不存在会不会做的问题，就需要和父母合作，制定规则。所以只有具有合作性质的事情，才可以立规矩。

再次，太小的孩子不能立规矩。比如三岁以内的孩子，有时候男孩子四岁以内都不行，他还没有成长到可以立规矩的阶段。

最后，立规矩的程序要正确。规矩像家庭中的法律，要"依法治家"就必须讲民主。父母在确定"家庭法律"之前，必须先征求孩子的意见，与他讨论某件事该怎么做。待孩子理解和同意了，才能确定行为规则。这个操作要规范，程序要正确，后面才能顺利实施。

我们举个例子。马上放暑假了，孩子不能长时间看电视，父母准备与孩子确立暑假看电视的规则，可以这样说："要放暑假了，长时间看电视对你的眼睛不好，所以妈妈准备和你讨论一下看电视的规则。我是这样想的：你看动画片或电视剧只能看一集，一集看完了，妈妈就来关电视了。我会说：'我要关电视了。'讲完这句话就会把电视关掉,然后你要离开电视机。"和孩子讨论,孩子同意后,请孩子重复一遍共同确定的规则,比如"每次只看一集,一集看完妈妈就关掉电视"。第二天还要试一下,妈妈要注意,等一集结束,就马上说"我要关电视了",然后迅速关掉电视。这时候如果孩子不肯遵守规则,开始吵闹或者耍赖,妈妈不要理睬他,该干什么就干什么,让他一个人待着。孩子可能吵闹十分钟,也可能吵闹半小时,他总会感到厌倦,发现妈妈打定了主意,就会放弃。等他不再吵闹,父母也不要评论,不讨论刚才的事情,就当作没有这件事发生。第三天,像第二天一样执行规则。三天过后,孩子发现规则明确,妈妈立场坚定,"家庭法律"执行得很彻底,就懂得该怎么做了。之后,他看完电视还会喊:"妈妈,我看好了,可以关电视了。"这就是习惯形成了,立规矩成功了。

在这个过程中,父母的每一步都要做到位。立规矩要讲明白,让孩子心里清清楚楚;操作程序要明确,请孩子重复两遍;实施中要严格遵守规则。如果平时是爷爷奶奶或者外公外婆照顾孩子,可以和长辈商量好,请他们按照这个步骤做。

其他事情也可以举一反三。孩子吃饭这个简单的问题,为什么很多家庭为之苦恼?家里人常常认为,孩子应该把一碗饭吃完。这太想当然了。如果孩子没有出门,早上起来蛋白质摄入充足,中午他当然不会饿,可能吃两口就饱了。如果一定要让他把一碗饭吃下去,他会怎么办呢?他就吃一口兜一圈,时间拖得很长。孩子含着饭不咽下去就是吃饱了,不用喂了。吃是本能,有什么好怕的?

对于大一点的孩子，例如上幼儿园的孩子，四五岁了还不好好吃饭，这时就需要立规矩。父母给孩子选个固定的位置，分配好谁坐哪里。然后告诉孩子，吃饭前父母会来叫他，或者爷爷奶奶会来叫他，如果孩子不来吃饭，一分钟之后再来叫一次，只叫两遍，后面就不叫了；不管孩子手里在玩什么东西，两遍叫完了就要坐到饭桌前吃饭。讲完后请孩子重复一遍，记住这个规则。接下来开始实施，到该吃饭的时候去叫孩子吃饭，不管孩子有什么反应都不理会。叫的时候不要去抱他，不要把他强行抱到饭桌前；讲完就走，不再催促。叫了之后成人坐下来吃饭，孩子来不来都不理他。吃完就收拾，孩子不来就没有东西吃了。父母跟孩子立规矩，他一定会反抗。他不来，父母就不理他，饭吃光了只能饿着。请父母放心，不来吃饭的孩子不会真的饿。如果半夜真饿了，要吃饼干，告诉他家里没饼干了，明天到超市买。父母要忍住，这一次忍住，明天再去叫孩子吃饭，他会跑得像兔子一样快。

父母不需要说废话，原则掌握好，胜过千言万语。

父母不要做的事

幼儿园举办献爱心活动，老师说："我们要给山区的小朋友献爱心，请小朋友回家后找一找自己的玩具，明天带一个玩具来学校，我们将它捐献给需要它的孩子。"有个小女孩回家后，和妈妈说了这件事，她想把心爱的芭比娃娃捐出去。妈妈立刻回绝："芭比娃娃那么贵,要捐就捐个便宜点的玩具。"第二天,在幼儿园,妈妈见到老师,马上说:"老师,我女儿很听话,你说要捐玩具给山区小朋友,我女儿就把她最心爱的玩具带来了。"此时,小女孩就站在旁边,内心充满矛盾和不解。这是父母不可以做的事之一,即心口不一。

答应孩子的事情不做,会造成什么后果?给大家看个例子。父母对孩子说:"你乖一点,今天在家里表现好一点,星期六我带你到锦江乐园玩。"星期六到了,孩子说:"妈妈,你不是说今天要带我到锦江乐园玩吗?"但妈妈拒绝了:"今天妈妈要加班,没空去。"孩子会想,"以后不听妈妈的话了"。接下来的两个星期里,他都是个熊孩子。父母说了不做,或者心口不一,孩子很容易变成熊孩子,用这种方法来对付父母。所以父母说话之前,先想想自己能不能做到。如果做不到,就不要说了。

父母心口不一或者说了不做,就是传递给孩子矛盾的信息,让孩子内心产生认知冲突。这种矛盾的信息接收得太多,等到孩子上小学了,就麻烦了。他接受学校教育,要遵守约定,父母却常常说一套做一套,孩子会在内心看不起父母。这个问题其实非常严重,孩子会不尊重父母。如果一个人在内心鄙视父母,父母就不可能看到孩子顺利成长。

父母不可以做的另一件事是,把辱骂当批评,给孩子造成心灵伤害。很少有父母会说,父母就是要辱骂孩子,他就该被骂。大多数父母认为,"我不过是批评他一下,做错事情总要挨批评的"。可见有很多人分不清什么是辱骂,什么是批评。

批评不会否定整个人,辱骂则不同。这在生活中也相当重要,是很多人缺失的一课。不要说与孩子相处,配偶之间也是如此。比如家中来了很多客人,大家欢乐聚餐,客人走后留下大堆脏碗碟,妻子叫丈夫去洗碗碟,丈夫平时不做家务,没洗干净,此时可以看看妻子会怎么说。有些妻子说:"你这个人,我就没有看到你哪一件大事是做得像样的,小事也做成这样,没有一件事情你能做好!"这就是辱骂。辱骂就是通过一件事情否定整个人,其结果就是吵架。丈夫接下来会说:"你会洗就你去洗,不要叫我洗。"妻子一听更生气了,接下来不就要吵架了吗?

什么叫批评?"这碗碟是你洗的?上面还有油,这种碗碟要用洗洁精和热水洗,不能只用冷水冲。你再去洗一下?""好,这次洗干净了,谢谢!"这就叫批评,批评是有人做错了一件事情,你指出来,然后给他一个建设性意见,让他照做,做完了以后还要反馈。一个完整的批评包括指导意见和反馈,缺一不可。

辱骂除了发泄情绪,一点好处也没有。父母有时候张口就辱骂孩子,自己却没有觉察。因为孩子晚起,妈妈对孩子说:"你每天早上这么晚起来,总是迟到,将来读书了,老师都会讨厌你。"这个就是辱骂。这种辱骂多了,孩子会在心中怨恨父母。

父母有时候还会情绪化辱骂,非常伤人。比如今天发奖金了,心情好得不得了,回家看到儿子的玩具扔得满地都是,不仅不批评,还把孩子抱在怀里塞个零食。过几天在外与人闹矛盾了,心情差，回到家看到满地的玩具，就痛骂儿子，甚至大发雷霆，把玩具踩坏。孩子很委屈，他搞不明白：上次也这样，怎么没有挨骂？这个就叫情绪化辱骂，非常随意，让孩子很受伤害。

批评会让人心服口服，辱骂则会让人痛恨。很多孩子长大后与父母不亲近，回忆童年很痛苦，往往是因为童年期父母的辱骂太多了。

用不同方式对待幼儿的反抗

当幼儿不想与父母合作，出现反抗情绪时，会有几种不同的表现形态：他们有时会充耳不闻，消极抵抗；有时会直接抗命，不管父母说什么，都拒绝服从；有时会和父母讨价还价，挑战父母的底线。当出现这些情况时，常常说明家庭规则模糊，父母平时随心所欲，导致孩子有不合作的心态。

我们先来看看采用充耳不闻这一消极抵抗方式的幼儿。这类幼儿经常像听不到父母的话一样，跟他说什么他都没反应。这证明他在情绪上反感父母的要求，跟父母不合作。父母应对的办法是最小化关注，即不要太关注他，给他留下更多的时间和更大的空间。

直接抗命的幼儿，常常什么事情都不做。无论父母说什么，他就是不愿意。父母此时必须做指导者，不要做障碍设置者。如果幼儿直接违抗命令，父母要冷静，不要跟他对抗。父母可以先走开，过一会儿等孩子情绪冷静了再回来，告诉他父母的指令的原因和目的。幼儿也会慢慢冷静下来，去想一想父母为什么这么要求。他思考后可能觉得父母的指令有道理，反而愿意做了。如果直接对抗，最后这件事情一定做不成。父母在日常生活中要观察一下，孩子的行为中哪些是服从行为，哪些是反抗行为。不可能每个行为都是拒绝的，一定有服从行为，当他的服从行为出现时，父母要注意到，给他正面反馈："刚才妈妈让你去做事，你去做了，还做得很好，我们合作得很棒，我真高兴。"这让他知道妈妈很希望达成合作。当他的不服从行为出现时，父母不要太关注，先忽略过去，重点赞扬服从的行为。

对于讨价还价的幼儿，父母要坚持住，让他必须按照父母的指令去做，没有讨价还价的余地。幼儿之所以讨价还价，往往是因为父母的要求或表现不一致。父母自己就没有统一的标准，想到什么就是什么，今天这样，明天那样，幼儿自然受影响，行为不统一，试图与父母交易。

孩子的反抗情绪不仅仅出现在家中，还可能出现在与其他孩子的相处中。有时幼儿很冲动，与其他小朋友玩游戏时不能遵守游戏规则，发生冲突，被小朋友排斥，或者交不到朋友。对于很冲动的孩子，父母可以暂时把他与其他小朋友隔离，然后仔细观察他，看看他存在什么问题。有的幼儿和小朋友一起玩游戏时总是捣乱，完全不能遵守游戏规则，父母也要仔细观察和分辨：他是情绪不好，故意破坏游戏，还是根本不懂游戏规则，所以不能遵守，让所有人都讨厌？不懂游戏规则的孩子也要暂时把他从游戏中隔离出来，因为接下来他就要跟别人发生冲突了，可能会破坏人际关系。父母可以把他带走，转移他的注意力，让他做其他事情。隔离的目的是回避冲突，免得进一步破坏与朋友的关系。

隔离之后，父母可以分析孩子的情况。很冲动的幼儿有的可能患有多动症，有神经功能方面的问题。患多动症的幼儿很冲动，难以抑制兴奋，也就是说，他的兴奋与抑制不能达成平衡。当然，也有可能是环境因素导致的，比如幼儿所处的环境中总有不遵守规则的人，他习得了类似的反应。这两者的区别是，前者是生物因素所致，行为具有一贯性；后者是环境因素所致，行为具有偶然性或经常性，也就是有时如此，不会非常频繁。还有可能是心理因素所致，幼儿情绪不好，生气了，故意捣乱。情绪差的孩子容易行为混乱，父母要分析孩子为什么生气，去解决他的情绪问题，关注和抚慰他。

父母分析出幼儿的问题属于哪一类之后，要用不同的方式对待他的反抗行为。没办法控制行为的多动症患儿要训练他社交，父母在家里和他模拟社交场合中可能遇到的问题和应对方法。父母的合理应对可以让幼儿的行为慢慢改变。环境因素所致问题往往有成人的榜样作用，或者是父母控制欲过强，使幼儿非常压抑，脱离家庭环境与其他小朋友相处时就爆发了，行为肆无忌惮。要改变这类幼儿，父母自身也需要改变。情绪所致的行为混乱是可逆的，情绪好了，就愿意配合了。

要注意，如果幼儿出现打人、踢人行为，要让他对这种行为承担责任,郑重道歉。让幼儿明白,一旦出现这种恶劣行为,就必须承担后果。如果幼儿哭闹,可以把他拉到镜子前,让他看看镜子中自己的样子,哭闹的形象幼儿自己也不喜欢;不理他也是一种办法,父母不关注他就会让他明白,这种行为是无效的。

育儿是一门学问,父母需要不断地摸索,不断地跟孩子互动,才会越来越有经验。每个孩子都是不同的,没办法将一个理论套用在所有孩子身上,父母只有在探索中才会获得真正适合自己孩子的经验。但请记住,要点是不要伤害自己的孩子,己所不欲,勿施于人。

第二堂课：

家庭教育塑造幼儿的个性

不同的气质、家庭教养模式和氛围会深刻影响幼儿的个性发展。我们都希望自己的孩子可以拥有积极的个性，成为受欢迎的人，这是可以做到的，父母应该有所作为。

不同气质的孩子都可以拥有积极个性

有四个人去听音乐会,遇到堵车迟到了,保安告诉他们等到中场休息的时候才能进去。其中一个人跟保安吵了起来,说:"我买了票,为什么不可以进去?"另外一个人在他们吵架的时候,悄悄地从后门溜了进去。第三个人没有说话,静静地等待中场休息。最后一位默默离开了,心想:"我太倒霉了,没有一件事情是顺利的,听一场音乐会也会碰上堵车。"

这个故事描述的是不同气质类型的人的典型反应。跟保安吵架的人是胆汁质的人,很冲动,攻击性强,这类人勇敢进取,但考虑问题不周到,有时候有勇无谋;悄悄溜进去的人是多血质的人,他们很灵活,容易变化,但很容易被塑造;等在外面的人是黏液质的人,他们稳重而安静,情绪不外露;那个自认为倒霉的人就是抑郁质的人,常常多愁善感,对小事也记忆深刻。

这四种气质类型主要用来区分人的神经活动的强度、灵活性和平衡性。不同气质类型的人,其感受性、耐受性、灵活性都有所不同,这表现在方方面面。有的人感受性很低,常常不够敏感;有的人与之相反，感受性很高，过分敏感。多血质的人常常耐受性强，抑郁质的人则耐受性低；多血质的人天生灵活，黏液质的人则反应慢，不灵活。这些都是天生的特点，生下来就如此。

父母首先需要明白的一件事是，气质类型没有好坏之分。又快又灵活好，又慢又不灵活就不好？并非如此。快有快的好处与坏处，慢也有慢的好处与坏处。又快又灵活的人可能走向肤浅和善变，也可能走向创造和灵巧；又慢又不灵活的人可能走向沉稳和深刻，也可能走向迟钝和固执。在可塑性方面也是如此：有的人很容易被塑造，比如多血质的人；有的人很稳定，不太容易被塑造，比如黏液质的人。容易塑造的人与不容易塑造的人，各有其需要面对的问题。气质类型只是给一个人的言行涂抹上某种色彩，绝不能决定其未来的成就和发展。

其次，父母不能强行改变孩子的气质，试图让一个抑郁质的孩子变得活泼、热情；也不能将自己的价值观强加给孩子，希望培养出一个符合自己期待的孩子。曾有父母说："我的孩子太内向了，我希望他成为一个外向的孩子。"要知道，外向是好的，内向就是不好的，这是父母的刻板印象。现在的家庭教育经常要把孩子培养成外向的孩子，很多父母因为孩子比较内向而焦虑，害怕他们不擅长社交，将来不适应社会。这是多虑了。外向与内向各有优缺点，外向的人和内向的人走到社会上也都有自己的位置。父母要做的是在尊重孩子的气质特点的基础上，有针对性地塑造孩子的个性。有典型气质类型的人其实比较少见，大多数人是混合型气质。父母可以仔细观察自己的孩子，发现他的气质特点，然后给予适当的指导。

回到刚才的外向和内向这个问题上，父母希望孩子外向，往往是害怕内向的孩子在人群中不受欢迎。但请父母仔细想想，什么样的人才是在人群中不受欢迎的？并不是内向的孩子，而是有不良个性特征的孩子。内向的孩子可以是一个很好的追随者，一个可靠的伙伴，这没有什么不受欢迎的。但如果在内向的基础上，成为固执己见、拒绝说出自己的感受的人，可能就不那么容易交到朋友了。外向的孩子可以是一个领导者，一个感受丰富、善于体察的人，拥有很多朋友。但如果他狂妄自大，不尊重别人的感受，也不会受欢迎。关键是孩子是否拥有积极的个性特征，而不是具有哪种气质类型。

良好的个性特征影响孩子的幸福感。人能不能活得开心，与个性特征非常有关系。我们的大部分压力其实都是人际压力，如果个性有缺陷，人际压力就会很大，一生都可能伤痕累累。

父母在培养孩子的过程中，尤其要关注孩子的个性塑造。智力跟遗传联系紧密，个性则与养育环境联系紧密。父母在孩子的个性塑造上确实可以有所作为。个性会随着年龄增长而变化，这个变化跟环境有关。即使是同卵双胞胎，基因相同，如果一个孩子出生后就被送到孤儿院，另一个孩子在充满爱的家庭中长大，等成年后，两个孩子的个性也会非常不同。

培养积极的个性是父母可以努力做到的，不要放弃这种努力，

这才是关键之处。

养育安全型孩子

一天,妈妈下班回家,小女孩看到妈妈回来了,开心地扑到她的怀里。妈妈一开始还抱着她,但抬头看到她用积木搭的小屋看起来乱七八糟的,顿时大发雷霆,把小屋推倒,对小女孩说:"这么简单的小屋都不会搭,你不要玩了!"说完转身离开,留下一脸惊慌的小女孩。妈妈如此喜怒无常,很容易造成孩子的矛盾性格。

孩子来到世界上,要跟妈妈建立和发展一种亲密的连接,彼此分离会感到痛苦,这种关系叫依恋关系。依恋关系意义重大,直接影响孩子与他人的互动以及未来的亲密关系。依恋关系在三岁之前就应该建立,迟一点到五六岁也应该完成这一任务。每个妈妈应对孩子的方式是不同的,所以孩子与妈妈形成的这种互动关系也是不同的。心理学研究者将其归为三类——安全型、回避型、矛盾型,也有研究者认为还有第四类,即混合型。

安全型的孩子通常是合作的、开朗的,在幼儿园里表现良好。他跟妈妈分离时会有焦虑感,但妈妈出现后他会很快平静下来;孩子跟妈妈的关系会让我们觉得很自然。能养育出安全型孩子的妈妈往往有充沛的母爱,她对孩子的需要很敏感,能够及时回应;也就是说,她能感受到孩子的需要并有针对性地反馈。这意味着什么?意味着妈妈是欢迎和喜爱自己的孩子的。我一直说,一个女人想不想要自己的孩子其实很重要。如果她想要这个孩子，她的母性会油然而生；九个月孕育的时候，她作为母亲的心理准备也在奠基。母性被唤醒之后，就会对孩子的需求很敏感。孩子在她心中是第一位的，孩子只要发出信号，妈妈就能接收到。

回避型的孩子在幼儿园里往往一个人玩，难以融入小朋友形成的小群体中。回避型的孩子在妈妈离开时没有什么焦虑反应，妈妈回来后也不会亲热地扑到她的怀里；看起来妈妈与陌生人差不多，没有更亲密的反应。回避型的孩子与妈妈的关系比较冷漠和疏离，在幼儿园里老师会觉得这类孩子不太合作，有时候不搭理老师的指令。养育出回避型孩子的妈妈往往比较理性，人冷冰冰的，像一台冰箱一样。她与孩子的互动不是依据孩子的需要，也不会根据实际需求及时调整，而是按自己的需求去养育孩子。她想让孩子干什么，孩子就得干什么。举个例子：妈妈对奶奶说，"把孩子抱出来晒晒太阳"。奶奶说孩子在睡觉，妈妈说，"书上说上午十点钟晒太阳最好，必须抱出来"。孩子大一点了，妈妈给他报了很多个辅导班，从周一到周日全部排满。孩子累得不得了，妈妈视而不见。我经常看到这种母亲，她的孩子长大后出现问题，不得不接受心理治疗。妈妈则四处说自己多么含辛茹苦，从小到大多么用心地教育孩子，花了多少钱，等等。可是我们只看到她在"用心"，没看到她在"用情"。她在"设计"一个孩子，而不是真正成为一位母亲。

母亲与老师是不一样的，老师可以从教育的角度跟孩子讲道

理，去培养孩子，母亲需要用爱和情感温暖孩子。但现在很多妈妈扮演了老师的角色，看起来很认真负责，其实并不合格。最基本的母爱——像老母鸡一样，将孩子呵护在羽翼下，她都没有做到。特大城市里的父母容易如此，高度工业化地区的父母也容易如此。我在工作中发现回避型的孩子逐渐增多了，原因就在于此。我曾经遇到一个案例，一位妈妈过来告诉我："孩子的爸爸太黏孩子了，我都受不了了，该怎么办？"我问她："爸爸为什么这么黏孩子？"她说："孩子的爸爸说，我们是慈父严母。"我跟她说，爸爸的角色是妈妈给的。爸爸会这样黏孩子，是替妈妈补位；妈妈没有成为呵护孩子的"老母鸡"，这个角色只好由爸爸来扮演。保护小生命是本能，爸爸会自然地承担这一任务。爸爸听到我的解释，说："没错，我老婆什么都不会，换尿布都没做过，冲奶粉不是冷了就是热了，实在没办法。"如果妈妈肯回归自己的角色，爸爸自然就会改变。慈父严母意味着，有严母才有慈父。不要养育出回避型的孩子，这类孩子长大后在人群中很孤独，茫茫人海却找不到心灵归宿。他可能扛起背包走天涯，半年都不打电话给父母。

矛盾型的孩子在幼儿园里比较"作"，老师意见很大。他总是想让老师把注意力放到自己身上，时不时搞点事情出来；老师关注他了，他又攻击老师，要把老师推开。与这类孩子相处会动辄得咎，贴近不对，走远也不对。矛盾型关系中往往存在一个喜怒无常的妈妈，她的情绪比较极端，对孩子一会儿亲热，一会儿冷淡，孩子的感受很矛盾，会不知所措。职场女性有时候容易如此，因为在职场打拼很辛苦,回到家很累,对孩子就很不耐烦,或者因为一点小事就呵斥孩子;周末放松了,又亲亲热热地搂着孩子。妈妈对待孩子的方式不一致,因而形成矛盾型依恋关系。矛盾型的孩子在人际交往中不受欢迎,因为他很麻烦,总是在制造疑问:你究竟是对我好,还是排斥我?你是真的对我好,还是需要我而已?他一边制造疑问,一边试图解答疑问,所以总是把人拉近又推远。

安全型的孩子在生命的早期就在心灵中信任妈妈和外界社会,他认为自己值得被爱,将来也不害怕营造亲密关系。心理的稳定和健康发展取决于我们的心中是否有一个安全基地,在我们很小的时候,这个安全基地更多地是由妈妈构建的。如果妈妈提供了安全与爱,孩子长大后就有了内在的安全感。如果妈妈不够好,不能提供爱与安全,或者不稳定,孩子要么索性不要妈妈了,发展出一种强迫性的自我依靠,成为回避型孩子;要么表现得很矛盾,对妈妈有怨气,既想靠近妈妈,又要推开妈妈,成为矛盾型的孩子。

我们当然希望妈妈都能养育出安全型的孩子,让孩子长大后心中存有安全与爱,能够自然和顺畅地在这个世界中寻找到更多的安全与爱。

最佳育儿组合

一位大气的妈妈,容易得到一个学霸型孩子;

一位小气的妈妈，会给孩子制造很多压力。

一位强势的父亲，会像一块厚重的水泥板，压在孩子的头上；

一位弱势的父亲，可能养育出同样弱势的儿子。

父母的性格对孩子的个性塑造有直接影响。为什么这样说？先来看看妈妈。

如果妈妈很大气，也就是说，妈妈心胸开阔，有眼界和见识，养育出的孩子往往站得高，看得远，前途远大。如果妈妈很小气，也就是说，妈妈心胸狭窄，斤斤计较，缺乏远见，养育出的孩子常常成就有限，即使专业能力很强，也局限在很小的范围内。

狭隘的妈妈有什么样的表现？孩子回到家，妈妈会问："今天老师有没有表扬你？"如果老师表扬别人了，她就接着问："为什么老师不表扬你？别人的孩子多聪明，什么事都做得好，你怎么这么傻！以后你要学会在老师面前表现自己。"或者在小事上很计较，孩子过生日，和同学一起玩，妈妈就问："你收到多少礼物？上次小明过生日，你送他很多礼物，这次你过生日，他怎么不送你礼物？"小气的妈妈总是这样讲话，她的孩子在人际交往中也会过于敏感、多疑、猜忌。孩子的大部分能量消耗在猜忌上，又怎么有能量发展自己的才能，怎么能看到人际关系中最重要的部分？

心胸宽广的妈妈不会关注这些鸡毛蒜皮的细节，她会顾及孩子的感受，真正尊重孩子，或者引导孩子看向更高远的地方。比如虽然妈妈心气很高，觉得孩子最好进牛津大学、哈佛大学，但孩子开始读书后她发现自己的孩子学习能力一般，她会坦然接受这一事实，知道孩子在学业上的成就不会很高，可以考虑朝其他方向发展了。只要孩子成长得好，有一技之长，妈妈就很满意。这样的妈妈和她的孩子都不会感到痛苦，走的路很自然和顺畅。小气的妈妈很极端，她会很痛苦："我的目标是牛津大学、哈佛大学，他居然只能考个专科院校，为什么会这样？他还能有什么前途？"这就是差异。极端的妈妈手持鞭子，在孩子后面不停抽打他；她不允许孩子停下来，或者走到她不喜欢的道路上。当然，她也不会考虑孩子的实际情况和感受。现在这样的妈妈很多，孩子被鞭打得很难受，表现并不好。

每个孩子来到世界上，并不是作为社会精英诞生的，而是作为父母爱的结晶诞生的。如果孩子不是社会精英，成为普通人，坐在舞台下看别人表演，自己鼓鼓掌，这样到底行不行？要知道，只有少数人能站在舞台上。如果妈妈有让孩子自然成长的心态，孩子就能顺利成长，人格就比较健全。不管他是闪亮登场的人，还是在舞台下鼓掌的人，都是很好、很健康的人。

妈妈的心态对孩子的个性影响很大。心态越放松的妈妈，越容易得到一个学霸型孩子。每个学校都有一两个学霸型孩子，他可以在学校里就做完作业，轻松回家。如果孩子放学回家，即使已经做好了作业，妈妈还要追问："做得怎么样了？拿出来我检查一下，不好就要重做！""这个地方做得不对，你这样怎么能超过其他同学？"孩子就会很紧张，学业表现也不会很好。

我们再来看看父亲对孩子个性的影响。一般来说，父亲对孩子个性的影响没有母亲的影响那么直接。同时，父亲是强势还是弱势对女孩的个性影响没有对男孩的影响那么大，因为受传统文化影响，父亲通常很少打击女孩，但他会打击男孩。如果父亲很强势，他的孩子又是个男孩，父亲就会像一块水泥板，压在孩子头上。父亲给儿子的感觉是，自己没有自由意志，要认同父亲的意志。强势的父亲会使自己的孩子自卑，因为他没有办法掌控自己的世界。父亲很弱势时，父母两个人的意志共同掌控家庭，或者妈妈一个人掌控家庭，对孩子的影响是，孩子会有两极表现——有时像父亲一样弱势，有时候则强势得不正常。

父亲常常鼓励孩子，孩子就会有自信心。特别是到了青春期，如果父亲能用欣赏的眼光看待自己的儿子，能够在儿子面前示弱——当儿子身高超过父亲的时候，父亲就该在他面前示弱了——他长大后就会很有力量。打击儿子的父亲往往是内心很自卑的人。随着儿子长大，他的打击愈发强烈，他试图告诉儿子"你不如我"。被强势的父亲打击太多的孩子，将来可能出现问题，比如出现暴力行为，表现负面情绪的力量。

母亲心胸宽广，尊重孩子的需求，对其成长和发展持比较放松的态度；父亲不偏颇，不打压孩子，这是比较完美的育儿组合。父亲既不能放纵孩子，也不能苛求他，要不偏不倚，这其实是比较难做到的。很多时候父亲容易走极端，要么偏执地以为就得做"严父"，一味打击孩子的自信心；要么觉得反正妻子在管孩子，自己在外挣钱就行了，从而漠视或放纵孩子。这都不是好的父亲形象，都会对孩子有不良影响。

教养方式的雷区

有个小男孩,别的孩子吃饭时和吃完后桌面很干净,他却办不到,被其他孩子嘲笑。从小到大,家人的过度溺爱与照顾影响了他独立自主能力的发展。由于独立自主能力低,导致家人更多地呵护和照顾他,形成恶性循环。到最后,小男孩已经上小学了,还不会自己吃饭。有些家庭对孩子过度宠爱,什么都满足他;有些家庭对孩子过度管教,什么小事都要听命令,孩子像个提线木偶。这都是家庭教养方式的雷区。

教养方式对个性形成有一定影响。有的家庭的教养方式是专制型:父母严格控制孩子,苛求孩子,给孩子设置各种目标,达不到就要受惩罚。这种家庭养出的孩子在人群中往往比较退缩,但是他很乖,很"识相",也会守秩序。这类孩子不太有创造力,因为他在专制的氛围中长大,没有自由发展的空间。

有的家庭的教养方式是溺爱型:父母没有原则,孩子做什么都可以,做错了事也没有惩罚;从来没有延迟满足,想要什么就马上可以得到。这类家庭养出的孩子会比较幼稚,自控力差,到哪里都不受欢迎。虽然孩子在亲人面前很受宠,但他在人际交往中受的打击比较多,人前很难用正确方式表现自己,也容易不自信。

有的家庭的教养方式是忽视型:父母不关注孩子,视孩子为可有可无的物件，给口饭吃就行。或者从小到大父母都很忙，平时放爷爷奶奶家里，周末带出来当宠物养，玩好了再还回去。这种家庭出来的孩子受的伤害可能是最大的——他体会不到自己的价值。孩子会觉得不值得来到这个世界上，自己的生命是一种错误。他有羞辱感，人生没有动力。更严重一点，被忽视的孩子会报复父母，这种报复不是在心里怨恨父母，惦记着怎么对抗，而是潜意识中的报复——父母小时候忽视他，等父母老了，他也会忽视父母。以前这类父母比较多，现在这类父母终于少了。

最理想的家庭教养模式是权威型：父母跟孩子在一起时既制定规则又很民主。也就是说，父母是讲理的、有原则的，孩子也能把自己的心里话说出来；父母会跟孩子讨论，会关注和重视孩子的意见和感受。父母尊重孩子，孩子就会开朗、活泼、善良、讲道理，善于与人合作。权威型家庭是对孩子的个性塑造最有利的家庭。

我额外提一下排行对孩子个性的影响，这是之前容易被忽视的，因为中国曾执行长达几十年的独生子女政策，出现了一大批独生子女，他们没有排行问题，但现在很多家庭养育了两个甚至更多的孩子，就需要关注这一问题。排行对孩子个性的影响会很明显。独生子女常常很善良，很有同情心，认知水平也较高。同大家的想象不一样的是，独生子女的谦让性也会强一点，因为独生子女没有兄弟姐妹争夺资源和关爱，独享一切，反而很少吝啬。他们在人际关系方面会表现得差一些，因为不善于察言观色。在多子女家庭中，第一个孩子往往比较老实和谦让。老大没有兄长或姐姐可以学习，受文化影响，也被要求谦让后面的弟妹，较容易牺牲自己。老二不一样，他需要与老大竞争，进攻性就强很多，个性更强有力。父母要关注排行对个性的影响，有意识地处理这个问题。

和谐家庭养育幸福的孩子

有一个小女孩，她的家庭本来很幸福，爸爸妈妈相亲相爱，自己也发展得很好，一岁就开口讲话了，也能听懂妈妈讲故事。有一天，爸爸和妈妈突然激烈争吵，爸爸拿起菜刀威胁妈妈，妈妈吓得四处躲藏，整个过程被小女孩看在眼中，从此以后她不再说话，关闭了心灵，连智力发展都出现问题。

父母之间的关系对孩子的影响显而易见。和谐的家庭会让孩子心神安定。不要小看"心神安定"这四个字。现在父母都关注孩子的成绩，想让孩子读好书，就必须让他心神安定。过去可以告诉孩子，知识改变命运，孩子会有强烈的上进动力。现在社会物质充裕，孩子学习的动机改变了。父母对"00后"说："努力读书才能改变命运。"孩子回答："我为什么要改变命运？现在的生活就挺好的。"父母说："读书才能成为社会精英。"孩子回答："我不想成为社会精英，这种人最讨厌了。"激进一点的孩子，还会反问父母："难道你们就是社会精英？"现在的孩子其实不功利，让孩子读好书反而变得很简单——让他心神安定，心神安定的孩子，内心才有对知识的好奇和渴求。

如果夫妻关系不和谐,两个人天天吵架,大叫大嚷,孩子吓得缩在角落里,那他肯定读不好书,连身体健康都会受影响。对孩子来说,父母是保护者,现在保护者在厮杀,互相折磨,他该怎么办?他一定会陷入恐惧,影响身心的整体发展。

当然,家庭中有矛盾在所难免,夫妻也会偶尔拌嘴。争吵发生后怎么办?一定要去找孩子,告诉孩子:"妈妈和爸爸吵架了,因为我们两个观点不一样,没能控制好情绪。我们吵架这件事和你没有关系,现在我们也和好了。"最好让妈妈来说这些话,妈妈更能影响和安抚孩子。孩子发现妈妈恢复平静了,又解释了为什么发生争吵,就能安定下来。不能吵完架还告诉孩子,"爸爸太坏了,我们不理他";或者让孩子感觉妈妈很痛苦,生活得很惨。有的妈妈会"卖惨",自己吵过架躺在床上哭泣,还把孩子拉过来:"看妈妈多命苦,这种日子不知道什么时候才能到头。要不是为了你,我早就和你爸爸离婚了。"这不仅让孩子感到恐惧,而且让他背上了沉重的情感负担,他将来会行为混乱,出现问题。

在孩子的个性塑造和形成的阶段,心神不宁、行为混乱会极大地影响孩子,他会成为不自信、冷漠的人。父母吵架,他不知道该怎么办,就会选择逃避,谁也不关心了;父母陷入自己的情感战争中,难免会忽视孩子,孩子得不到关心,也深感自卑。夫妻长期吵架或者冷战,孩子会有羞辱感——把他带到世界上的人都彼此讨厌,他的生命又有什么价值?这对孩子的个性塑造和人格发展都有负面影响。

如果夫妻实在过不下去,离婚也是一种解决之道。拖着不离,又长期争吵,对孩子的影响更大、更坏。孩子对父母的情绪很敏感,他惧怕父母离婚,又认为父母如此争吵,总有一天会离婚。他就像在等待第二只靴子落下来,等着这个家在某一天分崩离析,这种长期的精神压力对健康有破坏性影响,孩子的学业表现当然不会好,没有孩子在这种情况下还能安心看书。

父母要给孩子创设一个有利于良好个性发展的环境。在这个过程中,父母自身需要成长,需要了解夫妻关系的重要性。

和谐家庭才能养育出幸福的孩子,这样的孩子长大后才能够积极乐观,被人接纳,同时接纳他人,成就真正的自己。

第三堂课：

幼儿的社交训练

现在的孩子智商高，聪明又好学，但我们常忽视孩子情感的发展，使他们缺乏共情能力，出现社交困难，孩子深感孤独。

培养幼儿的共情能力

很多父母认为,教孩子学知识并不难,教孩子做人太难了。父母说出这样的话,常常是因为对孩子与他人的交往不满意。

孩子社交能力的重要性会随着年龄的增长逐渐凸显,到了初中和高中阶段,社交能力会成为关键问题。幼儿社交是打基础的阶段,不可不重视。

一个人要有良好的社交表现,或者周围人都能接受群体中的自己,就需要有良好的情商。情商达不到实际年龄应该达到的水平,就很难有让人接受的、良好的社交状态。情商就是处理情感信息的能力,其中的核心能力是共情。共情又称同理心,即设身处地地体会他人的情感的能力。这种能力欠缺,就没法实现与他人的情感共鸣。有的幼儿看到其他小朋友哭了,自己也跟着哭了,这就是最原始的共情。他可以体会到别的小朋友在难过,他也因此感到难过。如果别的小朋友在哭,他还若无其事或者哈哈大笑,怎么可能获得共鸣,交到朋友?

共情能力无法量化,它只能通过社交活动反映出来。情感方面

能力的发展是社交的基础。一个孩子情商低,他的社交能力肯定也低。智商高的孩子,未必情商也高。那么多父母为孩子不能与人恰当相处而苦恼,这折射出一个问题:我们给孩子的智力刺激已经够多了,但情感刺激是不够的。

要提高孩子的共情能力,首先要做的是让孩子学会解读他人的表情和语气,也就是培养对他人情绪的知觉。读不懂他人表情的孩子就是不会"看脸色"的人。对方已经生气了,他还没注意到,对方就不耐烦了,拂袖而去。如果看到幼儿的社交表现明显不同于同龄孩子,就要想办法去刺激他,促进其情感方面能力的发展。可以多给幼儿讲情感类故事,讲的过程中配合故事中主人公展现的情绪,作出很夸张的表情和动作,供幼儿观摩。

其次是提高对情绪的理解力,也就是理解情绪的意义。这个人为什么生气了?原来做这件事情就会让他生气。有的孩子始终不能理解这一点,不知道某件事情为什么那么让人生气,所以他无法与人实现真正的沟通。父母可以和幼儿玩"过家家"的游戏,再现幼儿的生活,让幼儿扮演爸爸或妈妈,父母扮演幼儿,其中什么事情会惹人生气,该怎么做,可以在游戏中一一展现,让他有所体会。

再次是情绪的整合。人的情绪是复杂的,对一件事可能有多种感受,有时候这些感受还会彼此冲突。对于幼儿,他一开始更能够理解认知类的东西,比如天上的云是怎样产生的,怎样变成雨滴落下来。复杂一点的情感,孩子确实难以体会。要让孩子理解复杂的情绪,就需要逐步培养和引导。在日常生活中,可以逐步帮他一层层澄清自己的情绪。比如孩子抢了别人的玩具,老师批评了他,他哭了。妈妈可以和他讨论:为什么哭?是不是有点难过,因为挨了批评?还是有点内疚,因为做错了事?或者有点害怕,怕接下来老师不喜欢自己了?当他做了某件事,也告诉他这件事会让妈妈有什么样的感受。通过这样的训练,让孩子逐渐理解对一件事可以有多种复杂的感受。

最后是情绪管理能力,也就是控制自己情绪的能力。一个人为某件小事就大发脾气,或者情绪阴晴不定,人们猜不到他什么时候要爆发,抑或没有办法排解自己的负面情绪,把一切都压在心里,都是没有妥当管理情绪的表现。情绪状态差,当然难以维持稳定、良好的社交网络。

幼儿的情绪会直接表露,不开心就会哭出来或者说出来。到了一定阶段,父母要帮助他寻找调整情绪的方法。找到适合自己的方法,他就容易管理自己的情绪。比如一个孩子看到另一个孩子吃冰淇淋,他也想吃,可是妈妈没有买。他的选择是转身跑开,看不到就不想吃了,而不是围着吃冰淇淋的孩子转,目不转睛地看着别人吃。

两到五岁的孩子会在游戏中增加情绪的表达,而且会伪装了。一个孩子懂得伪装了,其实是一个很好的情感发展指标。有时候,妈妈会说:"我家孩子四岁了,他怎么爱说谎?"我会先告诉她:"恭喜你,这个孩子很聪明。他居然会说谎了,这证明他知道什么是假的,可以迷惑人,多聪明啊!"大一点的孩子在同伴面前会更冷静了，使用更多的社交技能处理自己和他人的情绪。比如孩子想买某个东西，就去找爷爷，先夸爷爷是世界上最好的爷爷，再慢慢说出自己想要的东西，这就是一种策略，是情商发展的标志，父母要正确评价和引导。

让幼儿玩高级游戏

幼儿的生活离不开游戏，没有游戏的生活是不健康的生活。

游戏是幼儿治疗创伤的药物。这是什么意思？成年人心中有创伤、有压力时有很多应对策略，可以去宣泄，去运动，去看电影。幼儿怎么办？他的办法就是玩游戏。父母必须了解游戏在幼儿成长中重要的且不可替代的作用。

幼儿应该玩游戏，游戏可以分成低级游戏和高级游戏，父母应该引导他们玩高级游戏。低级游戏就是一个人玩，比如一个人独自玩积木，或者玩iPad，决定权掌握在自己手里，无须与他人协作；高级游戏就是群体游戏，一群幼儿一起玩，需要群体协作。最高级的游戏是一群孩子不受父母的控制，自由组合，随心所欲地玩。

群体游戏的重要意义首先在于，它可以提高幼儿的社交能力。上文提到幼儿社交能力的核心是共情能力，幼儿需要具备识别、理解和回应对方情绪的能力，同时学会管理自己的情绪。社交能力怎么样，可以在群体游戏中看出来。有些父母抱怨自己的孩子不善于与他人相处，看起来情商很低。情商发展需要一定的神经基础，后天的教育与先天的生理条件相辅相成。比如一个孩子哭，很低级的哭就是生理状态的表达，太冷了哭，太热了也哭。渐渐地，孩子的哭开始具有目的性，比如为了让妈妈抱他而哭。接着，孩子的哭会具有操纵性，将哭作为武器来操控成人。幼儿能够这样做，证明他发展良好。患自闭症的孩子就始终不能发展到将哭当作武器的阶段，他的哭常常停留在生理反应上。情绪表现始终无法脱离生理状态的孩子需要得到关注，就算他不是自闭症患儿，也可能在社会交往上存在困难。群体游戏能很好地体现孩子的发展状态，如果孩子无法和其他孩子一起玩游戏，总是独自一个人待着，或者在游戏中出现不良表现，就可以早发现，早训练，促使其表现有所改善。错过了时机，改善的难度会很大，因为会错过发育的关键期。幼儿在群体游戏中才可以获得提高社交能力的机会，父母才可以观察到他们的社交状况。

其次，群体游戏是学习规则的课堂。幼儿怎么形成规则意识？他们可以在群体中获得。只要有三个人，就自然形成规则。不遵守规则，就没人和他玩。对幼儿来说，玩是第一需要。为了玩，他什么都可以做；为了玩，他努力遵守规则，于是他学会了规则。

再次，群体游戏可以帮助幼儿控制情绪。一群幼儿一起玩，某一个孩子如果发火或者打人，其他孩子就不和他玩了。自然而然地，幼儿懂得了在群体中需要调整和控制自己的情绪。

最后，群体游戏让幼儿学会了合作。群体游戏讲究的就是合作，一群幼儿一起玩，总要达成合作才能玩下去。先分配角色，再制定规则,如果出现冲突还要解决问题。比如,有的人当交通警察,有的人当司机,司机们拿着小汽车在马路上开车,听交通警察的指挥通过有红绿灯的路口;如果有人不守规则,就排到队伍最后再走一遍,如此才能顺利玩开车游戏。在这个过程中,需要讨论,需要解决冲突。为了维持游戏进行,这些都要一一实践。

游戏是幼儿社会活动的浓缩,他们在游戏中学会了怎样达成一致,怎样实现自己的目的,这些是靠说教无法体会和理解的。每年都有父母来到我面前,说孩子不肯上学,无法适应学校的集体生活。仔细问一问,他们所说的孩子常常是幼儿时期没有天天和小伙伴一起玩耍的孩子,因此没有习得群体生活的技能。群体生活需要很多技能:某几个幼儿形成一个小团体,怎样融入这个团体?团体中每个人怎样协作?扮演什么角色?这个过程很复杂,就是在这样复杂的人际交往中,幼儿学会了父母无法教给他的东西。

父母要让幼儿自由游戏,自由游戏的价值大于各类英文辅导班、数学辅导班的价值,它对孩子的影响既重大又深远。

父母对幼儿社交能力的影响

父母对幼儿的社交能力有巨大影响,父母自身的性格、家庭教养模式、父母与幼儿形成的依恋关系等,都会影响幼儿的社交状态。可想而知,如果父母本身逃避社交,幼儿很容易也恐惧社交。

先从妈妈说起,因为妈妈的影响比较直接。妈妈是积极的、喜欢人际交往的，同时是赞赏幼儿的交往行为的，就比较有利于幼儿发展人际交往的技能。这些会在日常生活中表现出来，因为社交技能需要学习和锻炼，热爱社交的妈妈会给孩子提供锻炼机会。妈妈经常邀请人来家里做客，在客人到来的时候，幼儿成为接待客人的小助手，比如站在门口迎接客人，为客人拿水果，就容易习得社交技能，同时不畏惧社交。此外，如果妈妈对幼儿的社交行为表达赞赏之情，积极支持幼儿与其他孩子交往，幼儿就对社交有热情。妈妈自身不喜欢社交，即使口头鼓励幼儿去社交，也会因自身行为影响孩子。

有些妈妈虽然自身喜欢社交，但其言行会妨碍孩子的社交。比如妈妈对孩子说："这个孩子的妈妈在菜场卖菜，我们不要和他一起玩。"这是个不良的暗示，孩子会心生顾忌，他不知道自己能和谁玩，妈妈会不会批评他的朋友。失去了自由之心，他就不能愉快地与朋友玩耍了。

父亲对孩子社交的影响是间接的。孩子大一点了，三到六岁时，爸爸要积极参与孩子的生活，此时爸爸的角色很重要。妈妈要把孩子放心地交给爸爸，让爸爸带孩子探索世界。这一切的核心是，爸爸要诚心诚意地陪孩子玩，不能不情不愿或者三心二意。孩子探索世界的勇气来自爸爸，爸爸是孩子的保护者。如果爸爸在户外鼓励孩子适当冒险，挑战没做过的事，孩子就不容易怯懦，会成长为有勇气的人。在社交中，他会积极表现，主动寻找朋友，耐心解决交往中的问题，有能力构建稳定的人际关系。怯懦的孩子面对困难会退缩，别人稍微冷淡一点，他就害怕得不敢上前了，久而久之，他会成为缩在角落里的人，成为逃避者。

父母需要在不同阶段满足幼儿不同的成长需求。三岁前的幼儿需要妈妈投入更多的精力和时间陪伴他，满足他安全依恋的内在需求。三到六岁的孩子开始主动探索世界，这时就需要父亲成为引导者，让他有勇气去探索和认识世界。妈妈最重要的任务是解读孩子的情绪，与孩子建立安全的依恋关系，成为他内心的安全基地；爸爸则要在幼儿探索世界的阶段及时接棒，承担起带领孩子走向更大世界的任务。

父母各安其位，各尽其职，孩子就能够健康成长。

有社交困难的孩子

有些幼儿难以与他人交往，总是出现各种问题，我将这类幼儿分为以下四种：

第一种是攻击—拒绝型孩子。在幼儿园里，有一位小朋友，他被别人不小心踩了一脚，很不开心。放学后，他看到早上踩他的那个孩子，特意追出去回踩对方一脚。这样的孩子就属于攻击—拒绝型孩子，更具攻击性，一般都有认知问题。他们难以与他人合作，一旦发生事情，哪怕是小事，别人是无意的，他也会认为别人是故意攻击自己，会随时准备还击。这样的孩子还常常主动打人或者推人，像一只刺猬，浑身都是刺，难以接近。

第二种是退缩型孩子。这样的孩子压抑、焦虑，自我概念有问题，将自己看得很低，总觉得自己不如别人；行为怪异，不靠近他人，缩在角落里。这样的孩子在都市中不多见，他们通常生活在很糟糕的环境里，比如被母亲抛弃，被他人收留；或者父母都到外地打工，他们成为留守儿童，缺乏照顾。社交中，他们行为保守、退缩，这是其成长环境糟糕的表现。如果一个孩子生活在很好的家庭环境中，即使智商有问题，他照样看起来很开朗，愿意与他人交往，和退缩型孩子的表现是不一样的。

第三种是退缩—拒绝型孩子。这样的孩子有很深的孤独感，幼儿阶段表现不明显，常在初中和高中阶段表现出来。他们的孤独感似乎与生俱来，经常会莫名伤感，独自发呆。在社交中，他们常常很焦虑，害怕自己做得不好，跟任何人在一起都会怕别人不喜欢自己。他有很强烈的希望别人喜欢自己的愿望，但总觉得没有办法实现，一直处于矛盾中。

第四种是攻击—退缩型孩子。这样的孩子控制力很差，在社交场合行为退缩，各方面能力很差。有时候多动症患儿会有此类表现：其他孩子与他交往，他不理睬；其他孩子不和他玩了，他冲过去捣乱，破坏群体活动规则，惹人讨厌。这类孩子社交能力差，害怕其他孩子不接纳他，所以当大家靠近他时，他会躲起来，很自卑；等到一群孩子一块玩的时候，他虽然很愿意跟别人玩，但是做不到，只能搞破坏。

在幼儿园阶段，父母可以简单评估一下幼儿的社交能力。比如他是否能自己平静下来，而不是无休止地哭，无法停止；在玩的时候，他是否表现得很满足，也就是说，他可以玩得开心，而不是一边玩一边要求这个要求那个，很难满足；他是否会玩角色扮演类游戏，例如"过家家"游戏。"过家家"游戏是社交能力的重要检测标准，孩子们需要扮演不同的角色，然后演绎出自己扮演的角色应有的行为和语言，这是心理理解能力发展的标志，对合作能力也有一定的要求。一些男孩完全不能理解"过家家"游戏，只乐于讲述自己的经历，不会玩集体游戏，显然，他们的社交能力比较差。

父母评估之后，觉得自己的孩子这几个方面都做得到，就不用担心，可以认为自己孩子的社交能力是正常发展的。如果发现有问题，比如前面提到的四种孩子的表现，就需要及时干预。

带领幼儿学习社交

在日常生活中，父母可以创造机会，提高幼儿的社交能力。这样的机会很多，比如利用小朋友来家里做客的时机，鼓励自己的孩子与其分享玩具，成为好朋友。一开始可以请一个小朋友来家中，等孩子能与小客人友好玩耍了，再请两个小朋友来家中，多了一个人，三个人相处的难度就比两个人相处的难度高很多，要处理的事情相对复杂。这是个循序渐进的过程。接下来，父母甚至可以请一群小孩子来家中玩，这是高难度的相处，观察一下自己的孩子能否应对。只要有心，就能够在生活中找到各类机会，从小处做起，逐步提高幼儿的社交技能。

父母也可以经常走亲访友,鼓励孩子与他人交往。与人交往越多,经验越丰富,孩子在社交场合就越有自信。如果有可信任的亲戚或朋友,他们家中也有幼儿,甚至可以让自己的孩子在亲戚或朋友家住一晚,两个孩子相伴入眠,这是很好的社交锻炼。父母第二天早上去接他时,他会很有成就感。

父母还可以有针对性地进行社交训练。首先是让幼儿观察他人。父母讲富有感情的故事,讲故事时要绘声绘色,随着故事的推进用不同的音调和表情展现主人公不同的情绪。讲完后让幼儿指出,故事中的主人公现在会有什么样的表情,出现什么样的情绪。这样做可以帮助他与主角共情,同时学习解读表情。表情是情绪的外在表现,解读他人的表情是社交场合的重要技能。假如幼儿理解了什么是恐惧,又能够识别出恐惧的表情,就说明他能够观察他人了。

其次,父母要诚心诚意地陪幼儿玩耍。如果一直没有人陪幼儿玩,他会落落寡欢;但若父母三心二意,一边看手机一边陪孩子,无论孩子说什么,回应都是"嗯""好""行",也是没有意义的。父母关心和亲近孩子,本身就会产生情感的交流,是社交的一种示范。

再次,父母要引导幼儿,让他懂得什么样的行为受大家欢迎以及如何解决冲突。引导幼儿时,不适合用讲道理的方式,因为幼儿的逻辑思维能力还未发展,无法把道理应用于实践。但他们的形象思维发达，将道理融入故事，他们更容易理解。比如孩子与人打架，父母讲了个故事：森林里面有一只小黑猫，一只小白猫。有一天，小白猫去找小黑猫玩，但小黑猫不理它，小白猫生气了，踢了小黑猫一脚。小黑猫也生气了，马上打了小白猫一拳。他们就这样打了起来，后来都气呼呼地回家了。小白猫发誓不理小黑猫了，小黑猫也发誓不理小白猫了。他们从彼此面前走过去，谁都不看谁。可是没人玩好无聊，时间长了，小白猫有点后悔，小黑猫也有点后悔。他们想起之前快乐玩耍的时光，都觉得自己做错了。小白猫走到小黑猫面前说："对不起，我不该踢你。我还想和你玩，没有你好无聊。"小黑猫也向小白猫道歉："我不该打你，我们重新做好朋友吧。"他们和好了，玩得真开心。看，这么简单的故事，让幼儿知道了发生冲突会失去朋友，如果想解决矛盾，就需要道歉，挽回朋友。

需要注意的一点是，幼儿与他人一起玩耍时，最常见的冲突是抢着玩某个玩具或游乐设施，此时父母最好不要参与，请他们自己解决问题。父母参与进去，事情反而复杂了，大家都想维护自己孩子的利益，三两句就争吵起来，甚至打起来，闹出不愉快的事。其实，让孩子自己解决最简单，就算一时不愉快，孩子三分钟就忘记了，重新开始玩耍了。

最后，我要强调一下，父母要分清楚普通的冲突和"欺负"。有的父母生怕自己的孩子被人欺负，像老母鸡一样，时时刻刻准备把孩子收回羽翼下。其实，对幼儿来说，他们一般不会故意欺负人，这种复杂的意识都还没出现呢！两者怎么区分呢？要观察幼儿是否出现某种症状。比如发生冲突后晚上睡不着觉或者晚上想起来就哭，半夜惊叫或尿床，这说明幼儿可能受到了伤害，需要解决这件事。要去找那个欺负他的孩子，和他说："上次你做的事让小明很害怕。如果你和小明说你做错了，让他不要怕，他就会变好，你们两个还可以做好朋友。"如果发生在幼儿园里，成人不要自己出面，请老师和孩子谈，然后老师要表达对这件事的理解，告诉两个孩子："你很害怕，老师明白，如果是我，我可能也会害怕。""你做错了，需要向他道歉，希望你们两个能成为好朋友。"老师不能说："这有什么害怕的？你太娇气了！"也不能批评欺负人的幼儿："你怎么这么坏？做出这样的事来？"成人的视角与孩子的视角不一样，两个孩子是很容易握手言和的。成人如果过分重视孩子之间的普通冲突，就容易把小事变为大事，成为处理冲突的错误示范。

第四堂课：

重视幼儿的道德教育

低层次的竞争是体力的竞争，中层次的竞争是智力的竞争，高层次的竞争一定是道德的竞争。

幼儿需要理解的道德概念

很多父母非常重视幼儿的智力发展,却忽视其道德发展,其实道德教育才是最关键的教育,道德水平的竞争是最高层面的竞争。是否重视道德教育,考验父母的眼界和远见。

在美国发生过一件事:一个小男孩和同班女同学在学校里吵架了,女同学一气之下打了他。第二天,小男孩带了一把枪,到学校后朝女同学开了一枪,最终闹出了命案。我们来看看这个案例,它说明小男孩的道德认知、道德情感和道德行为的发展全面滞后。也就是说,他没有成为一个具有道德感的人。这个个案与家庭环境和家庭教育当然有关系。至少父母在控枪的问题上,未曾明确意识到家中有不适合接触枪支的孩子。如果父母有清醒的认识,理解枪支具有伤害性——它不仅仅指向外人,还指向自己的孩子,他们就会保护孩子,让他明白如何正确使用枪支,哪些行为是不允许的。父母只让孩子知道了枪支的伤害性,却没让他懂得什么时候可以使用它,才酿成惨剧。

什么是道德?道德是调整人与人之间关系的规范的总和。它是一种规范，是一种限制，是人用来自律的东西。对于幼儿，要先让他们理解一些简单的道德概念，比如什么是谎言、欺骗、偷窃、伤害他人、公平游戏、分享、同理心、尊重等。它是对是与非的判断，一个人的道德水平要发展，前提是能够理解某个行为是符合道德规范的行为还是不符合道德规范的行为。对行为的性质进行判断之后，才会有道德情感出现。也就是说，幼儿能体验到他人的情绪，对违背道德规范的行为有焦虑感，开始自责，这是道德情感的萌芽。在此之后，幼儿才会出现相应的道德行为——帮助他人，抑制自己的冲动行为。

父母要帮助幼儿在生活中初步理解简单的道德概念，比如幼儿看到一个喜欢的玩具，它不属于自己，但他太想玩了，就把玩具偷偷拿回了家；幼儿在幼儿园里和同学发生纠纷，推了同学一下，对方摔倒了，头流血了。幼儿能不能理解以上行为是不妥的，是偷窃行为和伤害行为？答案是明确的：可以理解。在幼儿阶段，这类道德概念是可以也应该理解和发展出来的，关键在于父母的引导。

我经常接触到这类个案，有父母讲，自己的孩子上幼儿园大班，经常打人，其他孩子不喜欢和他玩，他们对孩子说了打人不对，但孩子意识不到，还是老样子，该怎么办？显然，这样的孩子的道德判断水平要比同龄孩子低。公平游戏，很容易理解吧？幼儿在玩游戏的时候，都是有规则的，不遵守规则就没法玩下去，套用到打人这件事上，意味着打人就会被打，不想被打就不能打人，这就是公平的游戏。有的时候玩具少，小朋友都想玩，那就要分享——你玩好了给他，他玩好了再给其他人，大家轮流玩，这就是幼儿能理解的"分享"的概念。看到一个小朋友摔跤了，要上前帮助他站起来，知道他摔疼了，这就是同理心。幼儿知道他跟别的小朋友是平等的关系，自己不是中心人物，才能够尊重他人。做到这些并不难，父母有这方面的意识，从小事入手规范孩子的行为就可以了。

如果父母发现自己的孩子在这方面有所欠缺，要引起重视。道德教育贯穿一生，幼儿阶段是起步阶段，影响深远。

道德认知水平与早期经验

有一年，一个国际登山队在登山途中遭遇恐怖分子，被袭击后只有一个人幸存。唯一的幸存者回国后，为同伴召开追悼会，由其中一位逝者的女儿致悼词，她说："我们来到这个世界上，要追求人类共同的和平。虽然恐怖分子制造了这场惨剧，但我们不能以暴力回应暴力。"在参加追悼会的人中，有人当场站出来反驳："你是逝者的女儿，就应该为父亲报仇雪恨！"逝者的女儿平静地说："和平比复仇更伟大。"

在我看来，逝者的女儿已经达到了道德的最高境界——超越民族，超越国界，以人性为最高准则。反驳她的人则停留在低一点的境界——我只关心结果对我是否有利，对我的亲朋好友是否有利。

两者是不同的道德层次。我举这个例子，是想告诉大家，人的道德境界可以有这么大的差异。

差异的存在与小时候的境遇有关，与早期发育和早期经验有关。如果早期环境（包括宫内环境和家庭环境）不理想，在孕育的过程中，孩子的神经发育就可能不顺利，出现轻微障碍。比如患多动症的孩子就容易冲动，经常闯祸。早期经验也对孩子与他人的关系产生影响，假如幼儿阶段妈妈就因与爸爸离婚而离开，之后继母忽视孩子，甚至精神上虐待孩子，在这样糟糕、恶劣的早期环境中，孩子与他人的互动也不可能是优质的，对将来的道德发展有直接影响。

现在孩子的早期环境大多数更好了，所以我敢预言，这一代孩子更善良，更具有同情心。因为现在的孩子有人爱，物质生活也充裕，在这样的条件下自然发展，绝大部分人都会很善良。反而是这一代孩子的父母幼时物质条件差，环境刺激也不同，两代人会明显不一样。

我们再来看看认知发展对道德发展的重要影响。幼儿的道德发展可划分为几个阶段：前道德阶段、他律道德阶段和自律道德阶段。三四岁之前可称为前道德阶段，这个阶段幼儿没有规则意识，也无法判断某种行为是否符合道德规范。幼儿园阶段可称为他律道德阶段，这个阶段幼儿遵从权威人物的话，比如老师说不可以闯红灯，幼儿记得清清楚楚，看到有人闯红灯还会去纠正。这个阶段的一个特点是，幼儿的道德判断经常以结果为准。比如路上开来一辆救护车，救护车因为急于救人而闯了红灯，他会认为救护车司机做得不对，因为红灯是不能闯的。这说明此时幼儿的道德判断很死板和机械，不会视具体情况而改变。也有一些孩子认知水平更高，可以进入自律道德阶段，即根据行为的动机去判断。经常用来判断道德发展水平的一个问题是：一个孩子的妈妈在一个瓶子里装了巧克力，她把瓶子放在橱柜顶上。孩子很想吃巧克力，所以他偷偷站到凳子上把瓶子拿下来，吃掉了巧克力，但是不小心摔碎了瓶子。还有一个孩子放学回到家，推开厨房的门，妈妈恰好在门后放了五个刚刚洗好的杯子，杯子全部被打碎了。如果问幼儿，哪个孩子犯的错误更大，他律道德阶段的幼儿会说，打碎了五个杯子的孩子犯的错误更大，因为他打碎了五个杯子，而另一个孩子只打碎了一个瓶子，幼儿此时的判断依据是行为的结果。如果幼儿认为，打碎一个瓶子的孩子犯的错误更大，因为他有意违背妈妈的命令，去偷吃东西，这就说明幼儿的道德水平进入自律道德阶段，道德认知水平比较高。

这个年龄的孩子还有一个特点：他觉得犯了错误，违反了规则，被惩罚是理所当然的事。比如，今天在幼儿园里打其他小朋友了，犯错误了，明天摔了一跤就是打小朋友应受的惩罚。成人觉得这毫无联系，但幼儿阶段的孩子就是这样想的。父母可以观察一下自己的孩子处于哪个阶段。

想要提高道德认知水平，可以多给孩子讲故事，多让孩子阅读，也可以带他去旅游，让他见多识广。父母可以有意提一些问题，帮助他思考和理解问题的不同方面。

言传身教是最好的教育方式

要培养孩子的道德品格，言传身教是最好的方式。爸爸手机不离手，孩子也会沉迷于电子产品；妈妈总以体罚的方式教训孩子，孩子也会充满攻击性。父母日常生活中的行为是一种示范，是孩子模仿的天然样本。

不同年龄的孩子处于不同的道德发展阶段。在前道德阶段，孩子会认同父母的行为，模仿父母。举个例子：一个孩子拿个杯子在喝水，喝完了放在地上。这时妈妈说："杯子要放在桌子上，怎么可以放在地上？不许放在地上，记住了吗？以后杯子一定要放桌上。"孩子害怕妈妈生气，只能把杯子放在桌上。这个过程中孩子是被迫的，他要顺从妈妈的判断。等到这个孩子上小学二三年级了，同学到他家里玩，把杯子放在地上。他对同学说："杯子要拿起来放在桌子上，不要放在地上。"到这个阶段，他已经认同了妈妈的判断，认为杯子必须放在桌上。之后他长大了，变成成年人，他妈妈到他家里去，把杯子放在地上，他也会说："妈妈，你把杯子拿上来，不要放在地上。"此时，他完全内化了妈妈的行为。母亲的价值观和人生态度与孩子的道德水平存在显著关联。

我一直强调在幼儿阶段，妈妈非常重要，因为妈妈是源头，孩子是由她带到世界上的。妈妈与孩子之间的关系很特殊，九个月的孕育过程中，胎儿会不断接受妈妈的影响，出生后脐带虽然剪断了，但潜意识最初还完全连在一起。妈妈讲的话会进入孩子的潜意识，妈妈讨厌什么，孩子也会讨厌什么。妈妈与孩子的联系太紧密了，所以如果妈妈有心理问题，孩子也很难快乐成长。要培养一个道德判断水平比较高的孩子，我们确实需要一个足够智慧的妈妈，一个情绪稳定的妈妈，一个自我道德发展比较完备的妈妈。这与学历高低和取得什么样的社会地位无关，它涉及良好的情绪控制能力和成熟的人际交往能力。如果有这样一位理想的妈妈，即使爸爸性格不成熟，她也可以像块海绵垫子，缓冲爸爸有可能带来的压力或伤害。孩子的成长会助推妈妈的成长，这是成为妈妈的部分意义所在。

在中国的家庭中，很多父母会滥用自己的权威，用"我是你妈，我说的你要听"的口吻强迫孩子听话。父母没有意识到，父母的权力是有限的。其结果往往是，孩子在学校里同样成为小霸王，没人愿意理。等小霸王长大了，行为模式固定了，他举起的拳头不仅仅会打向他人，还会打向自己的父母。我已经接待了好几个个案，都是父母被孩子打了。有一位父亲来到我面前，说他骂儿子"不忠不孝，不配当人"，儿子就打了他。我说："你羞辱他，让他无地自容，他自然抡拳头了。你也别难受，其他人的孩子也还手了，不止你儿子一个人。"他感觉好多了，因为不是只有他的儿子还手了。新一代的孩子长大后不能接受侮辱，如果父母滥用权力，就会面临挑战。这是我们本土家庭教育面临的新问题，目前挺普遍的，一些传统的东西行不通了。

想要培养出道德水平高的孩子，首先，父母要比较成熟，有温和的态度和理性的行为方式，因为父母对儿童的影响体现在言传身教上：理论上，幼儿六岁前基本是被父母控制的，接受父母的监管；六到十二岁是共同控制的，儿童与父母共同管理生活内容；十二岁以后孩子自己控制自己的生活了。因此，父母要让儿童参与家庭决策，有自己的独立思考。其次，父母要有亲社会的行为，同时促使孩子参与进来。有些父母热衷于做志愿者，去服务社区，为社会奉献自己的力量，孩子看在眼里，记在心中，也会有亲社会的行为，与人为善。有这样好的发展环境，才能培养出品格高尚的孩子。

影响幼儿道德行为的两种能力

有个小男孩，邀请别的孩子与他一起玩，但被拒绝了。小男孩很生气，冲上去把对方推倒了。老师批评他，他依旧不能理解自己错在哪里——他不能理解自己与他人的差异，不能换位思考，接受不同的意见。

道德发展与人的共情能力有关，也就是理解和体会他人情感的能力。幼儿看到有人很痛苦，倒在地上哀号，他能理解和体会这种痛苦，就会上前帮助这个人，就产生了符合道德标准的行为。这一切都建立在共情对方痛苦的基础上。

现在共情能力差的幼儿越来越多。这种孩子学习表现很好，很聪颖，但是处理不好人际关系。父母经常把这种孩子带过来，对我说："陈老师，我家孩子在家里很乖，学习也很好，自己看书可以看一天都不烦。但是学校里的老师说，他在教室里总是和其他人吵架，还会推人，同学们都烦他。这是怎么回事？"显然，这个孩子的道德判断水平比较低，他的道德标准也很低；他可能在公众场合不守秩序，侵犯他人的利益，但不认为这些行为违背道德。

在幼儿阶段，共情能力开始萌芽。在此之前，幼儿是没有这种能力的。父母怎样培养幼儿的共情能力？在家庭中，可以经常用提问提示幼儿。例如问幼儿："爸爸刚刚对妈妈说的这些话是什么意思，你觉得妈妈有什么感觉？"看看他能不能理解其中的情感含义，如果不能，进行必要的引导，从小事开始。比如："这条狗很饿，想吃东西，如果我们不给它东西吃，它会有什么感觉？"再如，幼儿从幼儿园回来，妈妈可以问他："今天在幼儿园过得怎么样？有什么开心的事情吗？"让他给妈妈讲幼儿园里发生的事，每件事讲完，马上询问他的感受，让他对自己的感受更敏感。如果幼儿讲不出来，可以帮他找个几个描述感受的词汇："你是开心的、兴奋的，还是生气的、沮丧的？"父母找的词要准确一些，他选择出来之后，慢慢就能准确描述自己的感受了。一旦他可以准确认识自己的感受，就有能力体会他人的感受了。能体会和理解他人的感受，就有了共情能力。

影响幼儿的道德行为的另外一种能力是理解他人与自己不同，

采择他人观点的能力。一个幼儿觉得很开心的事情，其他幼儿可能不喜欢。回到上面的案例，想邀请别的孩子和自己玩的小男孩，无法理解他人此刻可能不想与他一起玩。这也是一种能力的欠缺，不能理解他人与自己不同，就不能接受他人的拒绝，不能尊重他人。

现在父母很重视智力教育，但对共情能力和理解他人差异的能力不够重视。经常有人来问，在上幼儿园之前，要不要让孩子参加英语培训、奥数训练营，很少有人来问其他能力怎么提高。请父母多关注孩子的共情能力和理解他人差异的能力的发展，经常对他讲各种感受，经常询问他各类感觉。父母把自己的感觉告诉孩子，就能够让幼儿知道别人与他的差异。幼儿能够理解其中的不同，反而不会受伤害。比如案例中的小男孩，妈妈可以对他说："你邀请人家一起玩，人家不同意，可能有两种原因：一种是他现在不想玩，另一种是他不想和你玩。他不想玩不一定是讨厌你，只是他此刻不想玩游戏而已。"小男孩理解了这一点，就不会自己受伤害，也不会去伤害他人了。

榜样的影响力

有一个著名的实验：实验者拿了个充气假人，让老师对充气假人作出不同反应，观察幼儿是否会受影响。在A班的教室里，老师攻击这个假人，摔它，打它；在B班的教室里，老师与假人温柔地说话，细心地照顾它。老师离开后，A班的小朋友模仿老师的行为，也开始攻击假人；而B班的小朋友围在假人的身边，照顾它，安抚它。幼儿经常接触暴力言行，当然会直接影响他们的道德行为。

榜样很重要，因为幼儿很容易受榜样的影响。幼儿园阶段的孩子有个特点——以动作取胜。也就是说，这个阶段幼儿的动作能力快速发展，动作能力的高低影响幼儿的表现。如果幼儿运动能力发展落后，有时候他会退缩，容易受别人欺负。这一阶段又是学习的阶段，学习就是内化别人经验的过程。人离不开学习，学习会让人成长和变化。环境中有暴力行为，例如动作能力强的小朋友跑得更快，力量更大，他嘲笑或推打比他弱的孩子，其他孩子就会学习暴力行为。

榜样必须具体，同时榜样行为要有可操作性。比如老师说："这个孩子很好，大家都向他学习。"学习什么？什么是好？这就太抽象了，没法学。如果老师说："这位小朋友玩好玩具后，把玩具摆放得整整齐齐，非常棒！"这种榜样行为就很具体，可以操作，其他幼儿也知道该学习什么。在家中也是如此，要让幼儿学习榜样，就需要把要学的具体行为告诉他："看，奶奶把桌子擦得很干净，这样就可以放心使用了。"幼儿就知道擦桌子必须擦干净。幼儿学习某种行为，自我约束，道德行为就自然而然地出现了。

在幼儿阶段，要杜绝环境中的不良影响。比如看电视这件事，父母要监管幼儿看什么内容。幼儿看有暴力行为的动画片，出现相应的暴力行为的概率就提高了。所以电视的作用是双面的，既有积极的一面，也有消极的一面。有时候，父母为了休息一下或者转移孩子的注意力，会给孩子看一会儿电视，这可以理解和接受，但一定要监管孩子看电视的内容，不能把孩子放到电视前不再理会，任他自由看节目。

在实际生活中也会有不良行为，也需要我们有所防范。幼儿园中欺负人的孩子常常身体强壮，或者家中有行为不良的父母做了错误示范，导致孩子在幼儿园中也攻击他人。被欺负的孩子常常身体瘦弱，或者虽然身体发育正常，但是心理理论水平很低，容易被欺负。心理理论可以简单理解为，儿童对他人的心理状态及与他人行为关系的推理或认知。简单地说，就是推测他人心理状态的能力。这是一种最基础的能力，缺乏这种能力，幼儿就没办法合理推测对方的意图。幼儿园里的不道德行为不仅仅指表面上的打人或者骂人，还包括隐性欺负行为，如孤立某个小朋友。如果幼儿遭遇了这些不道德行为，要判断他是否受到了心理伤害，判断标准是幼儿是否出现了应激反应，比如过后还会哭泣，夜里惊醒，突然尿床，等等。如果孩子心理受到了伤害，要保护孩子。方法是让欺负人的孩子向被欺负的孩子道歉，让两个人和解。要注意，保护孩子的意思是，保护两个孩子。欺负人的孩子也是孩子，也需要保护，不能在让一个孩子得到抚慰的同时，另一个孩子开始受伤害。幼儿园中没有欺负人的孩子，大家平等、和谐交往，有利于所有小朋友的顺利成长。

第五堂课：

培养幼儿的独立性

独立是一个人发展的需要。一个人始终不能独立，就会停滞发展，跟父母黏在一起，成为现实生活中的"啃老族"，成为没有独立意志的人。

不要妨碍幼儿独立探索世界

明明是一个三岁的男孩,一天他去厨房倒水喝,这是他第一次独立完成这件事情,他感到非常得意。第二天,他又去倒水,奶奶看到后立刻制止他:"快点放下来,你拿不稳,不要摔坏杯子!"明明很沮丧,放下了水杯。

以上实例中的行为看似爱护幼儿,实际上妨碍了幼儿独立性的发展。幼儿可以自己思考和解决问题,可以有自己的独立行动,这就叫具有独立性。我们在这方面有太多的认知误区和不利条件。两三岁的幼儿正处于好奇心旺盛,努力探索世界的阶段,这一阶段多么宝贵!如果父母或者其他照顾者每时每刻都盯着他,不肯让他触摸土地,不肯让他自己吃饭和喝水,不肯让他试着独立做事情,就浪费了孩子的天赋。家庭中盯着孩子的人太多了,其实成为不利条件,让问题更棘手。

另一个不利条件是,我们没有相应的文化传统。我们的传统文化往往强调对长者和权威的服从,这种服从性可能导致我们在育儿中不重视培养幼儿的独立性,总是要求幼儿听父母或其他照顾者的话，做个"乖孩子"。我们在评判一个孩子的时候，经常把这个孩子"听不听话"当作标准，父母多么渴望养出一个听话的孩子啊！人是生活在环境中的，我们都不能脱离环境而生存，这是必须认识和理解的，我们今天谈论培养幼儿的独立性也因此显得格外重要。

不管是哪个阶层的父母，当前的育儿现状是，大多数父母在培养孩子的独立性上确实做得不够好，尤其是一些有社会经验或取得较大社会成就的父母，他们自己做人十分成功，在这个问题上却往往不够明智。在培养独立性这个问题上，父母的社会成就有时不是一个加分项。此类父母的观点很原始：我们有条件了，可以让孩子生活得更好，为什么还要让孩子自己事事动手呢？好不容易日子过得好了，不应该把孩子照顾得更好吗？哪怕孩子长大了，我们也有能力把他照顾得妥妥帖帖，不让他辛苦。有这样观点的父母，他们的孩子长大后一辈子都会躲在父母的羽翼下。遗憾的是，整个社会都在助长这种风气。一个孩子已经十岁了，他在学校里打架，老师的第一个反应是叫父母来学校；而父母接到电话会马上请假，奔赴学校，没有人试着让孩子自己处理这件事。孩子已经上初中了，牙齿疼，妈妈请假带孩子去看牙医。很少有妈妈说："我帮你约好医生，你自己去看牙医。"其实，在父母的培训下，这些事情孩子可以独立完成。父母有没有意识到，自己在替孩子思考和做决定，其实是剥夺了孩子处理实务的能力？不处理实务，何谈独立？

还有父母认为，让孩子独立，会让孩子陷入危险。我们现在讨论幼儿独立性的培养，不是要让幼儿脱离父母的保护，这是一种误解。幼儿当然要得到父母的保护和照顾,但幼儿开始独立行走后,开始探索这个世界,我们就应该在保护他的基础上,有意识地从小事做起,培养他的独立性。培养孩子的独立性,不能等他度过了青春期,到了要离开我们的年龄才开始做这件事。孩子的思考能力和解决问题的能力需要从小培养,逐步提高,长大后才能成为一个可以独立生存的人。

我们不能把独立仅仅看成让孩子自己穿衣服、吃饭、叠被子,这些是需要的,但它的主要功能是让孩子找到"我行"的感觉,为将来的自信心发展打下基础。独立的含义很丰富,既包括独立生活,也包括独立思考。很多有成就的人都有一个特质,即独立行动的能力很强。他们对自己的判断力也很自信,对所面对的事物有独立的思考,他们是行动和精神都独立的人。父母不能够代替孩子思考,这是独立最重要的内涵。

父母育儿的最终目的应该是让自己的孩子独立成长,独立生活,而不是捆绑着他的手和脚,或把他的翅膀拔掉,让他无法飞翔,困守在父母身边。这样做的父母以为自己在爱孩子,其实是在剥夺孩子发展的权利。父母的爱是否明智,肯不肯放手,是一个标志。

盲目的"直升机父母"

"直升机父母"是目前国际上流行的一个词语。意思很好理

解：父母像直升机一样，盘旋在孩子的上空，时时刻刻监控孩子的一举一动。这类父母在中国特别多，孩子从醒来到入睡，每一刻都被父母安排好了，总有一双眼睛盯着他。除了去幼儿园或学校，父母有没有不管幼儿的时候？当幼儿专注地玩耍，父母有没有干扰他？有没有纠正他的玩法？每个父母都可以问问自己。

父母应该知道，这样的行为除了会让孩子反感，还会限制他们的创造力，妨碍其独立性和专注力的发展。有的父母很委屈：照顾孩子还有错？照顾得精心还不好？培养孩子的独立性就是不管他？这方面存在太多误区，父母不知道尺度在哪里就会陷入两难的境地。其实底线就一条：保障安全，不要伤害他人或自己受伤害。就这么简单，其他能放手就放手。

这么简单的原则，还是有很多人做不到，总是有一双眼睛盯着孩子，不是爸爸盯着就是妈妈盯着。星期六，孩子在家里，父母忙父母的事，孩子忙孩子的事，这样的日子有过吗？有些父母觉得别扭：怎么可能不管孩子？当然可以不管他，在家里插座不要碰，尖锐物体收起来，不要爬窗户，消灭安全隐患后，其他的任孩子琢磨和折腾吧！我们这个年龄的人中很多人有这种回忆：小时候自己钻到床底下半天不出来，没人知道，回头再自己钻出来。它对成长多么有利——我们躲在床底下思考了很多东西，偶尔会发现一分钱，开心得不得了。这种乐趣，被时时刻刻盯着的孩子哪里会有？

独立不等于淘气。一个孩子很调皮，天天爬高爬低，他很独立；另一个孩子规规矩矩的，很听话，他不独立。不是这样理解的，淘气跟独立根本不是一回事，风马牛不相及。一个孩子很顽皮，可以是独立的，也可以是不独立的；规规矩矩的孩子可能有自己的独立思考，会独立行事。

独立不等于执拗。如果有两个孩子，一个孩子很犟，讲什么都不听，什么事情都要他说了算，按照他的意志行事；另一个孩子善于与老师合作，合理的指令都可以接受。那个很犟的孩子就更独立吗？当然不是。有些孩子很犟，看上去好像比别的孩子独立，其实只是情商低的表现。就像两三岁的孩子有个发育特征——喜欢说不，因为他知道自己跟妈妈不是一个人，知道你、我、他的区别，自我意识开始产生，他要证明他是一个独立的人，方法就是说"不"。"宝宝，吃苹果了！""不！""宝宝，出去玩吧！""不！"幼儿没办法表达他是一个独立的人，只学会了一个"不"字。所以有时候我和父母开玩笑，建议父母要是想让孩子吃苹果，就告诉孩子，"我们不吃苹果"，这样他就吃了。

到了青春期，孩子拼命想独立，也会有极端的表现，比如与同伴走在路上，妈妈迎面走过来，他假装没看见——他不想在同伴面前叫妈妈，那似乎意味着他很需要妈妈，依赖妈妈。但是妈妈回来后很生气："为什么有同学在你就不理我？"这就是没有理解这个阶段孩子的发展需要和特殊心态。孩子的这种表现并不意味着孩子不喜欢妈妈了，只是此刻他迫切需要独立成长而已。也有父母没有意识到，是自己强烈地想跟孩子黏在一起，尤其是妈妈，妈妈黏儿子是很普遍的现象。有的妈妈像藤一样缠在儿子身上，儿子长得越大，她就缠得越紧，自己都意识不到。如果妈妈缠着孩子，孩子又摆脱不了，他就会牺牲自己。我们有个误区，以为母亲会为孩子牺牲，其实天底下所有的孩子更会为母亲牺牲。这里提到这个话题，主要是因为现在全职太太很多，她们很容易把照顾孩子当成工作，即使孩子长大后不再需要她，也改变不了这种心态。其结果是孩子无法成为独立的人，不得不满足妈妈的需要，成为妈妈的附庸。

在观念上，父母要知道孩子是一个独立的人。孩子不是父母的附属品，不是父母的私人财产。能不能培养出一个具有独立性的孩子，跟父母的观念密切相关。

培养幼儿独立性的方法

如果孩子放学后对妈妈说："妈妈，我明天不想去上学了。"这时妈妈会有什么样的反应？妈妈可能会说："为什么不去？成绩这么差，还不想上学？你有这种学习态度，怪不得老师不喜欢你，连我都不喜欢你。"妈妈也可能说："是因为在学校里不开心吗？和妈妈说说发生了什么事，我们可以讨论一下，看看怎么处理。"想想看，妈妈的这两种态度意味着什么？第一种回应不认同孩子的情绪，对他大加批判；第二种回应接纳孩子的情绪，并准备提出可行的意见。

假如要培养一个有独立人格的孩子，首先就要认同他的情绪。孩子的情绪独属于他，必须得到尊重。如果从小到大连情绪都得不到认同，他怎么做得到独立选择、独立判断？

其次，为了认同孩子的情绪，父母要重构观念。父母要意识到，孩子是一个独立的个体，不能仅作为"父母的孩子"而存在。父母总把孩子当成附属品，就没法承认孩子可以有自己的情绪。我曾听到一位老人骂自己的儿子："你是我的儿子，就要听我的！你一身血肉都是我给你的！"我能想象这位老人给予儿子的压力，她不可能懂得尊重人与人之间的合理距离，和孩子的关系不会融洽。

再次，父母要鼓励孩子与自己分离。例如，如果幼儿有好朋友，好朋友又住得比较近，彼此的父母可以信任，就可以鼓励孩子选择一个晚上到朋友家里居住。这样就制造了分离，给孩子自立自主的机会。当然，这需要在孩子大一点之后进行，比如五六岁或更大一点，他才能应对独自在外居住这件事。双方父母也必须彼此了解，能够充分信任。如果孩子顺利度过短暂的分离期，回到妈妈身边后他会很自豪和骄傲，很有成就感，也会更珍惜与父母的相处。给孩子刻意制造这样的感受，对其独立性的培养大有好处。

最后，父母要教育孩子帮助他人。帮助他人的作用看上去不那么直接，但确实可以很有效地培养出具有独立性的孩子。我们的家庭教育很大的一个缺陷是欠缺帮助他人的教育，我们常常在教育孩子超越他人，有时还会教他们防范他人，却很少有父母让孩子积极帮助他人。帮助他人对于一个人的成长很重要，因为在助人的时候，整个心理循环处于最佳状态：能帮助他人的人，当然是强大的人；能帮助他人的人，也会得到正能量的反馈。父母有意识地对孩子说:"刚才小朋友摔倒了,你要上前把他扶起来,看看他有没有受伤,安慰一下他。""好朋友要互相帮助,如果你的朋友不会系鞋带,你可以教他,帮他学会。"这样,孩子会增加助人的敏感性,关注环境中有谁需要帮助。他会获得自己很强大的感觉,也能得到他人情感的回馈和滋润。同时,这样的孩子人缘肯定很好,能收获很多朋友,构建稳定的人际关系。

帮助人是既助人又助己之事,何乐而不为?何况,只有弱小的人才躲在他人身后,强者都迎难直上,勇于承担责任。

独立性小测试

当幼儿受到欺负时,他默默承受,不会反抗。

幼儿吵着买玩具,父母不同意,他就在商场躺倒打滚和哭泣。

幼儿已经上幼儿园了,但任何事都要别人帮助才能完成。

妈妈碰到熟人,幼儿躲在妈妈身后,不肯叫人。

当出现以上现象,说明孩子的独立行为能力落后于同龄人,需要父母理智处理。

被小朋友欺负却不敢还击的,就是依赖性很强、行为退缩的孩子。还击不一定是用拳头打回去,你打我一下,我踢你一脚,而是指出对方行为的错误性,采用正确的应对措施。有的幼儿会对打人的孩子说:"打人是不对的,请你以后不要打人。"这就做得很好,义正词严地谴责了对方。打人的孩子常常会被镇住,不敢再打人。

幼儿依赖性强的另一种表现是，他总是盲从，随大流，听他人的指挥。有的孩子听人撺掇，甚至会去打妈妈。显然，这样没法独立作出判断的孩子，将来难以自立和自强。

父母不同意他的要求，就躺倒打滚和哭泣的孩子，看起来很有主见，怎么会欠缺独立性？其实，这样的孩子只会用哭来达成目的，打滚和哭泣是他的手段，非常单一且无效。一两岁的孩子把哭泣当作武器，这是可以理解的；到了四五岁，如果还是如此，就有问题了。本质上说，他们是不善于独立思考和发现解决办法的孩子，不会用正确方法解决问题。

在幼儿园里事事依赖他人的孩子，也欠缺独立性。这种孩子白天不敢一个人待在房间里，好几岁了还要大人喂饭，一遇到困难就叫大人帮忙。隔代教养常常养育出这样的孩子，老人养育孩子诚惶诚恐，担心有什么疏漏，自觉地成为全职保姆，随叫随到，不给孩子一点自己尝试做事情的机会。幼儿阶段如此做还有补救的机会，一路这样长大就比较糟糕，长大后没人能够为他提供这样全面的服务了，他该怎么办？

幼儿躲在妈妈的身后，说明他比较胆怯，害怕陌生人。有些孩子在幼儿园里害怕老师，老师说什么都不敢反抗，不敢主动做事。虽然幼儿把老师视为权威很正常，我们小时候也把老师当作正义的化身，但恐惧到如此程度，就是欠缺独立性的表现。现在已经很难有权威了，知识来源太丰富，父母的素质都提高了，有时幼儿园老师的素养反而不足。幼儿缺少社交接触，没有在陌生环境中待过，也会在人际交往中感到胆怯。如果属于这种情况，可以给他创造社交机会。先邀请其他小朋友来家里玩，熟悉的环境会让幼儿更放松。幼儿跟着父母接待客人，他会观察父母是怎样做的，通过模仿和学习潜移默化地懂得待客之道。父母也可以带幼儿出门，比如到公园和游乐场，鼓励他和陌生孩子一起玩。

父母可以在心里算一算，如果上述情况每出现一种记一分，自己的孩子可以得多少分。以上四种情况，完全没有的孩子不多吧？

我们讨论孩子的独立性，就是为了使我们的孩子可以成长为顶天立地、坚强自信、承担责任的人。孩子很独立，就可以建立良性循环——孩子做什么事情父母都会相信他，得到父母的信任又让孩子很自信，双方都有安全感。孩子很黏人，父母总放不开手，会使孩子很难独立，父母也永远无法放心。请从现在开始努力，尝试让孩子做一些没有做过的事情。要知道，独立性是培养出来的，不是天生的，这方面的努力一定会有效果。

第六堂课：

增强幼儿的自控性

父母无法放手，就无法培养出具有自控性的孩子，因为人不会在他人控制自己生活的情况下发展出自控能力。

影响自控力的因素

在谈论影响自控力的因素前,先要明白什么是自控力。

关于自控力,不少父母的理解是错误的。自控力并不意味着孩子完全顺从父母,不意味着父母提出的要求孩子都能做到。在中国文化中,我们总是希望我们的孩子听话,顺从的孩子会被亲戚朋友认为,孩子被教育得很优秀。但这是服从控制,而不是自我控制,两者的区别很大。我们的孩子不是机器,不能够想让他朝东他就朝东,想让他朝西他就朝西。要是真做到这点,则孩子的创造性和探索性堪忧,会有更大的问题。

什么是自控力?它表现为对优势反应的抑制和对劣势反应的唤起。幼儿很喜欢做的事情,可以暂时放下不做,这就是对优势反应的抑制。例如幼儿很喜欢吃巧克力,桌上有一盒巧克力,但是妈妈说只能吃一块,他可以做到吃完一块就不再吃了。幼儿不喜欢做的事情,可以理性地去完成,这就是对劣势反应的唤起。例如老师布置了作业,幼儿虽然不喜欢,但他明白这是必须做的事,依旧坐在桌前耐心完成了。这两方面表现好,就可以认为幼儿的自控力很强。

三岁以内的幼儿很少懂得自控，一岁左右的孩子更不可能自控。父母常常急于让孩子听话，有父母来到我面前，急切地问："我的孩子一点都不能控制自己，想干嘛就干嘛，一着急还会躺地上，怎么办？"我问他家孩子多大了，原来才一岁八个月。我让父母回去，不要担心，自控力会随着注意机制的成熟而出现，与神经功能的发育有一定关系。时间没到，着急也没用。

幼儿的神经发育基础对自控力的强弱有直接影响。神经发育基础可以追溯到怀孕期，孕妇的营养条件决定了胎儿的神经发育基础。有的女性靠节食减肥，长期营养很差，身体虚弱；有的女性怀孕后挑食，很多东西不吃，缺乏必要的营养物质，宫内条件不好，她们孕育的胎儿自然会受影响。有些女性怀孕后情绪波动很大，一会儿开心，一会儿暴怒；或者长期陷入极端情绪中，极端抑郁或极端妒忌，必然影响身体状态，进而影响胎儿的发育。有些女性孕前体能差，常生病，或者怀孕期间患有某种疾病，也会影响胎儿的发育。出生后，神经发育比较好的孩子，其自控力会相对较早地出现。

出生后的养育环境同样影响自控力。糟糕的养育环境影响孩子的各方面表现，自控力也不例外。

幼儿的神经类型也影响自控力。神经类型与基因有关，由遗传决定。有的孩子性情冲动，有的孩子活泼好动，自控力就差一些；有的孩子安静沉稳，自控力就强一些。但不管什么样的孩子，善于培养，用对方法，都可以成为自控型孩子。

自控力强的孩子，最大的优势是能够拥有长久的有意注意，更容易投入学习。他们的注意力稳定而持久，在学习和完成任务时当然会表现得更优秀。

正确面对自控力差的孩子

一些孩子智商很高，一百以内的加减法很早就会做，但他的自控力很差，没有规则意识，在需要等待的时候也没有耐心。父母很不解：孩子的智商挺高的，说明神经发育不错，为什么自控力不行？

父母需要认识到，自控力的强弱与一系列因素有关。在以上案例中，没有规则意识与幼儿的认知水平有关。越幼稚的人越不能自控，这很容易理解，因为自控力建立在对事物的理解上，理解正确才能够控制自己作出正确的行为。不能等待也可能是欠缺策略——等待的感觉很难受，有的幼儿会自己发展出策略：妈妈规定每天只能吃两块巧克力，早上一块，晚上一块，我早上吃完一块就去搭积木，看不到巧克力就不想吃了。

年龄也很重要，不同年龄孩子的自控力差别很大。幼儿知道自己是一个独立个体，就是自控的开始。也就是说，当幼儿知道他与妈妈是两个人，他是独立的人，自控的萌芽才会出现。不能要求四岁的孩子像六岁的孩子那样能较好地控制自己，他不可能具备后者的记忆力和思考能力。四岁的孩子可能记不住妈妈前两天讲了什么,比如不可以把积木全倒出来;他也可能记不住这样做的后果,比如妈妈会生气。

孩子有病理性问题时,自控力也会差,例如患多动症的孩子。这个问题现在经常出现,比如幼儿在幼儿园里不守规矩,无法控制自己,老师向父母反映,认为父母在家里不管教孩子。老师还指导父母,遇到什么事情该怎么做。父母按照老师说的去做了,严格地管理孩子,后来发现孩子的情况越来越糟。父母带孩子去看专业医师,发现孩子患有多动症,才知道了真正的原因。不过这里面有个问题是,心理病理性疾病因为欠缺客观标准,严重依赖判断者的经验,经常出现不一致的诊断:到了A医院,医生说孩子患有多动症;到了B医院,医生说未患多动症;再到C医院,医生又说的确患有多动症。父母难以判断,得不到正确的指导。

我提到这样多的影响因素,是想让父母明白孩子自控力的强弱意味着什么。很多父母认为孩子自控力差纯粹是孩子自己的原因,便经常对孩子发脾气,把责任推到孩子身上。他们常见的言论是:其他孩子都可以做到,为什么我的孩子不能做到?父母不要错怪自己的孩子,不要把孩子做不到当成孩子不愿意去做。孩子能不能做到有时候是能力问题,不是主观意愿能控制的。如果父母不清楚具体原因,就会很气愤,觉得这个孩子怎么这样坏,了解真正原因才能谅解和接受,才能用理性的态度面对孩子。父母要明白,自控力与孩子的认知能力、行为策略、年龄等一系列因素有关,其中有些因素是先天的或发展性的，这样就不会错怪孩子，破坏亲子关系。

当然，有些父母有幻觉，以为所有孩子都可以被教育得很守规矩、很能配合父母，某些老师也如此认为，他们常常不分析孩子的具体情况，粗暴地作出判断，提出不合适的要求，结果常常是南辕北辙。

每一个孩子的发展都受遗传和环境的影响。对于父母，遗传无法改变，没有再努力的可能性，就不要介意，把这一页翻过去。我们可以做的是控制环境，找到合适的方法，比如多带孩子到户外去，观察丰富的事物，提高认知水平；教会孩子等待的策略，给他实践机会，这些才是父母努力的方向。

让幼儿学会延迟满足

有一个著名的棉花糖实验，用来测试孩子的自控水平。美国斯坦福大学的研究员召集了多名四岁的儿童，让他们分别单独待在房间里，房间的桌上放着一颗棉花糖。研究员对孩子们说："谁可以坚持15分钟不吃棉花糖，我就再奖励他一颗。"当他离开后，有些孩子迫不及待地吃了棉花糖；有些则忍了一会儿，但最终功亏一篑；只有少数孩子抵抗住了棉花糖的诱惑，获得了奖励。

这个实验通过检测孩子是否可以实现延迟满足来评估他们的自控力。延迟满足是指，当想要的事物要等一等才能得到时，幼儿能够等待。

考察幼儿的自控力,延迟满足能力是核心指标,它是自控力的重要表现。幼儿对妈妈说:"我要吃巧克力。"妈妈回答:"好的,你等一等,我要先洗碗,洗好碗就拿给你。"这个孩子能不能等一等?如果他三岁或者更大了,一般来说他是可以等的。更小的孩子常常不能等,他会开始抱着妈妈的腿撒娇或者躺地上撒泼了。三岁以后,幼儿基本上可以把自己的行为与父母的要求联系起来,自控力萌芽了,延迟满足能力开始出现。

同样年龄的孩子,有的能等,有的不能等,体现出在克制力和控制力方面的不同。不同性别的孩子延迟满足能力的发展不同步,男孩的这项能力通常会晚一点出现,女孩的延迟满足能力相对强一点,在社会性活动或人际交往活动中,或者在遵守社会公共秩序方面,女孩都更能自控;男孩在研究某件事情的时候,控制力要强一些。

要注意,自控力并不是越强越好。如果自控力很差,幼儿容易分心和有冲动行为,攻击性很强。典型的表现就是多动症患儿,他们在幼儿园里当然是表现不好的孩子,也是幼儿园老师经常投诉的孩子。如果自控力过强,幼儿容易过度抑制,通常会很焦虑,不合群,对自己要求很高。这类孩子有点像强迫症患者,什么事没有做好就不开心,自己给自己提出很高的要求,一定要做得比别人好,压力很大。现在这种孩子在城市里越来越多了,这种现象值得父母重视。培养自控力要适中,不要走向反面,造成新的问题。

父母如果有意识地培养幼儿的延迟满足能力,可以在日常生活中增加训练，促使幼儿多等待。训练方法很多，这里我提醒一下，神经发育是问题的根源；神经功能不完备，训练也没有用。所以，父母要保障幼儿的营养，促使他的神经功能正常发育和发展。如果幼儿发育不好，可能需要特殊的营养方案，可以去找专业的营养师，根据幼儿具体情况制订饮食计划，适当补充营养剂。比如一个宫内缺氧的孩子，如果出生后得到适当的调理并补充营养，在之后的发展中他会逐渐加速成长，赶上同年龄孩子。如果在成长关键期没有相应的调整和补充，长大之后再想改变，难度就大了。所以我常说，孩子小的时候什么问题都来得及解决，都可以想办法，错过了就难了。此外，可以用丰富的动作刺激神经发育。动作既是一个人神经发育的外在体现，又是神经发育的刺激源。假如我们做个试验，把一个刚刚出生的婴儿用"蜡烛包"包起来，只让他的头露在外面，即使给小婴儿吃喝，几年后打开，他也会是个白痴。当然，我们不可能做这个实验，这里只是为了说明，如果没有丝毫的动作刺激，孩子的神经发育就会出问题。我们常说要早教，早教的关键就是增加动作刺激。我经常对父母说，不要花那么多时间带幼儿去上英语课、数学课、古文课，占用孩子宝贵的户外活动时间。幼儿每天有一半时间在睡觉，还要有吃饭时间和洗澡时间等，除此之外的时间很宝贵，应该花大量时间在户外。不管是观察和探索大自然，还是奔跑嬉闹，都有益无害。有些父母会让很小的孩子一直坐着，让他呆呆地坐着听课，坐着玩玩具，坐着看电视，像个行走不良的老人。这是不行的，孩子的神经发育不会快，动作笨拙，做不好事情，更别提实现延迟满足了。

幼儿要有大量的户外活动和充分的动作刺激，其神经发育才会完备，这是幼儿实现延迟满足的生物学条件。最理想的状态是能动能静：需要安静学习的时候，幼儿可以坐下来，保持长久的注意力；需要运动的时候，幼儿能够奔跑嬉闹，舒展身心。

当孩子行为失控

两到七岁的幼儿比较容易行为失控。比如，妈妈在商场里不肯给他买玩具，他就躺在地板上打滚；客人来家里玩，带了礼物，他去撕包装纸，把礼物弄得乱七八糟，被阻止就号啕大哭。在公开场合或亲朋好友在场的时候，父母会深感尴尬，但如果呵斥他，容易火上浇油，让情况失控。这个时候，有效的方法是转移注意力，让他关注新事物。

这个年龄阶段的幼儿有个特点：幼儿处在自我中心阶段，只关注自己的想法。他不懂察言观色，不知道父母工作时不能打扰；他不会换位思考，不能理解爷爷受伤了，不方便带他出去玩；他不懂人情世故，当着客人的面打开礼物，不喜欢就嫌弃地丢到旁边。这并不是坏事，幼儿心理发展的一个任务就是找到自主感，自我中心阶段是幼儿必经的心理阶段。但随着年龄增长，幼儿要逐渐摆脱自我中心的思维模式，这时就会产生差异。有的幼儿可以很早就摆脱，有些则不行，到八九岁还处在自我中心阶段，不知道别人可以有跟自己不同的想法，当然也没法换位思考。

如果我们有意识地帮助孩子早点摆脱这一阶段，他就能够顺利和及时地进入下一阶段。父母可以做的有三点：第一，帮助幼儿理解他人可能有与自己不同的情感体验和反应。比如爸爸对妈妈讲话，幼儿在旁边听到了，妈妈就问："刚刚爸爸跟妈妈讲了这些话，你觉得妈妈听了以后有什么感受？"如果幼儿能够准确地说出妈妈会有的感受，说明他会换位思考了。如果幼儿讲得不对或者说不知道，妈妈可以告诉他自己的感受以及为什么会有如此感受，帮助他理解话语的潜在含义。假如家中来了人，比如奶奶来了，妈妈可以对幼儿说："今天奶奶看起来心情不太好，你猜猜看是为什么。"幼儿猜了几次后，妈妈要告诉他具体原因，让他了解他人的情绪是怎样产生的。父母经常有意识地提问，能够促进孩子思考。

第二，可以给幼儿一个榜样。榜样的力量不容忽视，很多人其实一直在为孩子树立榜样。在幼儿园，如果一个男孩自控力很差，总是动来动去，老师会安排一个安静的小女孩坐在他身边，这其实就是为他寻找一个榜样。如果幼儿经常行为失控，父母也可以为他找到一个能很好地理解成人的意思、自控力很强的玩伴，让他们两个一起玩耍，在互动中，幼儿能够潜移默化地感受到玩伴的行为模式和思考方式。父母还可以设计一些游戏，在游戏中，幼儿为了完成任务需要等待一段时间，或者需要从其他角度思考，这能让幼儿获得实践经验；同时，幼儿会看到玩伴是怎样做的，如果玩伴能做到，他自己也会努力做到。

有时候父母也是一种榜样。一位妈妈对我说，她的孩子刚上幼儿园，在家里爸爸叫他做什么，他总是不做，这是为什么？我了解了情况，发现孩子的爸爸从不听从别人的劝解。比如孩子的妈妈让他不要抽烟，他不肯听，还是接二连三地在家里抽烟。这就是个负面榜样，爸爸不听别人的合理劝解，幼儿自然学会可以不听爸爸的话。

第三，父母要适当放手，给幼儿发展独立自主能力的机会。幼儿越独立，越不黏人，他的自控性就越好。幼儿若常常行为失控，说明在某种程度上，他没有控制自己的机会。在家庭教育中，父母对孩子的教育要抓大放小，不宜过细。现在隔代教养比较多，家中有爷爷奶奶加上爸爸妈妈，有时候还有保姆，这么多双眼睛都盯着幼儿，他还没有走到厨房就被抓回来，他刚爬到床底下就被拖出来，连自由移动的机会都没有，何谈自控力？

自控性差的孩子，年龄越大表现越差；到了后来，习惯养成了，就不容易改正。现在这一现象非常严重，父母和老人过度关注孩子，导致孩子成长的空间变小。孩子不能按照自己的意愿完成某件事，就没法具有独立自主能力。幼儿自己端了一小杯水，从厨房端到客厅，父母知道他会有什么感受吗？"我行！"这是他最明显、最强烈的感受。接下来，他自己穿上了衣服，扣好扣子；他自己吃饭，吃好后还把碗送到厨房。这一系列事情加深了他的感受，使他越来越确定"我行"，越来越有自信。如果在自我中心阶段还找不到"我行"的感觉，事事被包办，他的感觉就是"我不行，需要别人替我做"。如果"我不行",那当然无法控制自己。

幼儿的行为失控实际上意味着被人控制,转移注意力是可行的,但不是长久之策。父母对孩子有深厚的爱,这种爱如何表达,如何明智地爱孩子,却是个学问,需要学习。

帮助情绪失控的孩子

现在有一类孩子,他们的情绪很难自控;父母设定的规矩只要不合他们的心意,他们就会有强烈的抵触情绪,并且不接受父母的关心,让父母无所适从。在幼儿阶段,表现为很难和其他小朋友相处,有时会说出伤人的话,让老师也很困扰。

应该如何应对这种情绪无法自控的孩子?有时候父母没有意识到,孩子的情绪是被父母刺激出来。父母可以问问自己:孩子情绪失控时,我会怎样做?是不是越想控制场面,孩子的表现就越糟糕?其实,当一个人情绪发作的时候,我们最明智的做法是走开,忽视他,不应对他的情绪。等他平静下来了,再和他讨论这件事。

民主型家庭容易养育出能够自控的孩子。民主型家庭指父母虽然会指导孩子,但不扮演权威,对孩子有充分的关注并保持适当的距离。也就是说,孩子有困难时会有人帮忙,孩子不需要帮助时父母会离开;孩子说出某件事时,父母会倾听,有家庭公共事务时,父母会与孩子协商。这样做当然有利于孩子自控力的发展,因为他被赋予了练习和发展自控力的机会。被父母牢牢控制的孩子会放弃自我控制，因为他没有独属于自己的时间和空间，一切事务都被父母纳入轨道。自控的优势会随着孩子的长大越来越明显，特别是到了青春期，孩子不愿意与父母合作，会不会失控与他能不能自控直接相关。

情绪控制是自控很重要的内容。帮助幼儿控制情绪需要注意方法。首先要做到的是前面提到的，在幼儿情绪发作时，成人应该置之不理。曾有幼儿园园长给我打电话："我们这里又来了一个情绪失控的小孩，他会打自己耳光，头撞墙，老师很着急，但不知道该怎么做。"这样的孩子越来越多，他们情绪发作的时候，我们不要着急，不要试图马上改变局面。此时去解释或者安抚，哪怕是去拥抱他，都无济于事。此类举措常常没有效果，甚至越安抚，孩子越是发脾气。激烈的情绪不可能持久，激烈情绪消失后，再去安抚才会有效果。

其次，设置暂停区域，这个办法是很多人愿意用的。父母告诉幼儿，家中哪个地方是暂停区域，如果幼儿乱发脾气，就要到暂停区域待着，直到平静下来。有的父母将暂停区域设为卫生间，有的设为沙发上，只要保障安全，以上区域都可以做暂停区域。

再次，必要时可以转移幼儿的情绪。这主要针对年龄比较小的幼儿，例如两三岁的幼儿。他们情绪太激烈了，父母可以用他感兴趣的事或新奇事物转移一下注意力。幼儿乱扔东西、尖叫时，妈妈突然指着窗外："这是什么鸟？刚飞过去，这么大，我从没见过，太奇怪了！"幼儿就可能停下来，看着窗外。妈妈接着描述鸟的样子，幼儿被吸引住，就忘了尖叫。

最后，父母要减少对幼儿的刺激。有些父母在家中会互相攻击，将吵来吵去作为小夫妻特有的沟通方式和某种情趣，这无可厚非，但需要注意，它对孩子的情绪有一定的刺激作用。幼儿认知水平低，难以理解父母的沟通模式，他会认为父母在攻击对方，所以会受到刺激。幼儿的表现是，他很难控制自己的情绪。夫妻关系越成熟，对幼儿的成长越有利。夫妻关系中不成熟的人会拉低另一个人的沟通模式，双方采用更差的方式沟通；成熟跟学历没有关系，跟社会地位也没有关系。

如果幼儿天生冲动，情绪难以自控，父母可以有意识地纠偏。比如两三岁的孩子特别犟，非常执拗，超出同龄人，父母应意识到执拗是孩子的性格特点，可以创设优势环境，努力改善孩子的个性。对于一个很执拗的孩子，父母就不适合总是讲道理，但这类事情有时很难避免，因为一个执拗的孩子往往会有一个同样执拗的爸爸或妈妈，后者偏要讲道理。两个人顶在一起，像两头牛，就看谁先后退。大家都知道，结局会很糟糕。如果这个执拗的孩子生活在温和、宽松的环境中，爸爸妈妈善于"以柔克刚"，总是以情动人，更关注孩子的情感状态，孩子长大以后就没有那么偏执了，个性得到调整，因为小时候的干预常常很有用。

第七堂课：

两孩教育要点

当第二个孩子出生，父母不能幻想两个孩子的相处始终会很美好，要主动了解和学习两孩相处模式和应对方法。

两孩父母的心理准备

第一个孩子来到世界上时,爸爸妈妈都独属于他,玩具也都是他的,前面没有其他孩子争夺父母的关爱与注意力,他看到与爸爸妈妈建立联结的孩子只有自己。第二个孩子与其不同,他来到世界上时老大已经存在,出生时的小环境不同,心态自然不可能一样。

很多父母想当然,以为自己已经养了一个孩子了,再来一个孩子就是再次养育一个孩子。事情没有这么简单,两个孩子的家庭有独有的问题和难处理的关系,不是简单重复上一个孩子的养育过程。两孩家庭的养育难度是增加的,可以减少的只有养育费用,比如第二个孩子穿第一个孩子的一些衣服,玩第一个孩子的玩具等。如果两个孩子性别不一致,那么连这些都不一定能实现。

父母决定要第二个孩子之前,要明确自己内心的需求。有些父母说,一个孩子太孤单了,我们给他添一个亲人。问题是,一个孩子感到孤单,他就一定会欢迎弟弟或妹妹的到来吗?如果父母问第一个孩子:"爸爸妈妈给你添一个弟弟或妹妹,你欢迎吗?"他的回答可分为两种,一种是欢迎弟弟或妹妹,另一种是不欢迎,甚至说如果有了弟弟或妹妹，自己就要离家出走。第一种回答看起来很理想，但父母不要高兴得太早。第一个孩子预想中的弟弟或妹妹是来陪他玩的人，等弟弟或妹妹真出现了，他会发现，这是个小婴儿，只会哭闹和睡觉，还占去了妈妈的大量时间，他的感觉就变了。他自己一个人生活得自由自在，现在要因为弟弟或妹妹调整生活状态，比如弟弟或妹妹睡觉的时候，他不能大声说话或看电视；本来爸爸妈妈要带他去看电影，现在说没时间了，要等一等……诸如此类的事情一再发生，他的感受和想法就不同了，会出现不良情绪。第二种回答就更糟糕了，如果第一个孩子带着敌意迎接弟弟或妹妹，他当然不会配合，只会捣乱。更有甚者，说不定会伤害自己以吸引父母的注意力，或者伤害弟弟或妹妹以发泄情绪。父母就会左右为难，不知所措。

也有父母说，自己想要第二个孩子是为了养老。这是非常古老的养儿防老观念，其实不够现实。社会变化很快，未来的时代中养老模式会是什么样子？这一点没人能想到。因这种观念而生育第二个孩子，是一种会落空的需求。

之所以讨论父母抱着什么样的目的生育第二个孩子，是为了让父母明白，事情不会像一开始所想的那么简单。父母不能够很天真，以为血脉之情自然能够让两个孩子很亲密，多个人就是多花点钱。要知道，两个孩子的心态不一样。一个和尚有水吃，因为他独担责任，必须扛起来。两个和尚抬水吃，但真的能愉快合作去抬水吗？或者说，一开始就能够愉快做到这一点吗？如果有三个和尚，大家都知道，弄不好就没水吃了。孩子越多，相处模式越复杂，父母要谨慎处理的事件就越多。父母要清楚自己面对的局面，不要盲目乐观。我确实也看到，养育一个孩子很顺利的父母，在生育了第二个孩子之后反倒困难重重，常常是老大出了问题，老二的发展也不顺利，甚至不得不过来找我做心理咨询。

大家也许会想，过去一对父母生育了那么多孩子，怎么没有这些问题？我们一定要了解，我们现在的孩子是在什么样的环境里生存。过去的孩子是以群体游戏为主的生存环境，父母没有精力管束他们，除了上学，他们天天和小伙伴聚在一起，到了晚上父母才叫他们回家吃饭。现在的孩子在家中的时间最多，总是在与父母互动，很少参与群体游戏。两类孩子的生存环境不一样，要求当然不同，这才产生了今天的讨论话题。

无论家中有一个孩子还是有两个孩子，每个孩子的心态父母都要了解。父母做好心理准备，认真处理与孩子的关系，才能获得和谐家庭。

家有两孩的利与弊

中国集中诞生了一批独生子女家庭，此后又会出现一批两孩家庭。两种家庭模式很不一样，会养育出具有不同特点的孩子。

独生子女具有独特的优势：独生子女普遍善良，富有同情心，因为他们集万千宠爱于一身。一个人有人爱，同时物质生活不匮乏，这个人通常会很善良。独生子女一般见多识广，因为父母到哪里都可以带着他，时间和精力都给了他。见多识广对于一个幼儿极其重要，这会提高幼儿的认知水平，因此独生子女的认知水平通常要高于多子女家庭中的孩子。但与此同时，独生子女往往比较自我中心，因为他就处在自我中心的环境中，除非父母的教育意识强一些，有意识地帮助孩子克服这个弱点，否则独生子女会把自己的需求放在比较重要的位置上。此外，现在的独生子女是独套公寓里的独子，其孤独感与生俱来。这种孤独感是来自内心的感受，不能被他人解读，所以有时候身处茫茫人海，依然会感觉自己很孤独。在人际交往方面，独生子女的问题也较多。他与父母组成三角形关系，这实际上是最难处理的关系，因为三个人的关系构成的三角形很难等边，常常是一条边长，一条边短；在三角形关系中，动了一个人就会牵动另外两个人，所以一个人的情绪会引发三个人的情绪。

两孩家庭的孩子的优势是，他们在人际关系方面的能力比较强，也就是社交能力强，因为他们有大量练习社交的机会。非常明显的一点是：两个孩子生活在一起，互动时他们的情感体验比独生子女丰富多了，会体验到欣赏、喜欢、妒忌、愤怒、委屈等诸多情绪。姐姐爱护妹妹，妹妹心生喜爱之情；妈妈照顾老二，看到妈妈温柔的怀抱换了人，老大心生妒忌之情；爸爸随手拿了老大的玩具给老二玩，老大心生愤怒之情……有些独生子女从来不知道什么叫妒忌，老二来了他就懂了。抢夺也随之而来，本来老大没有进攻性，但老二来了，老大要守住自己的东西，就开始改变心态。老二则是天生的抢夺者，他会嫉妒，会有一定的进攻性。加上同性别之间的竞争、不同性别之间的性别隔阂等，两个孩子的情绪体验开始丰富，他们的社交机会也增多了。为了协调生活，他们必须达成一定的相处模式，学会处理相处时发生的纠纷，这些都会使他们提高社交技能。

此外，独生子女有很沉重的情感负担。家中所有人——爷爷奶奶、外公外婆、爸爸妈妈都对他那么好，都对他有非常高的期望，这会制造沉重的情感压力。孩子会想回报爱自己的人，会想实现他们的愿望，成为他们想要的孩子。可是大家都知道，父母和其他养育者的期望往往高不可及，常常一山更比一山高，实现了一个还想要更多的。生之前父母说，希望生个健康、快乐的孩子；生之后，还希望孩子长得漂亮，或者比别人早开口说话，聪明伶俐；再后来，希望孩子考上名牌大学；最后，还要找个好工作，寻觅满意的伴侣结婚，再生个同样聪明可爱的孩子。这样高的愿望，谁能满足？一时满足容易，谁能时时满足？名牌大学就那么几所，高薪又体面的工作就那么多，实现愿望太难了。所以孩子到了一定年龄，就会知道自己达不到父母的要求，不可能回报父母和其他人的恩情。那怎么办呢？索性不还了，不管了，做一个不还情感债的"老赖"。他会开始不好好学习，让父母不要指望他，他不给父母希望，因为情感债太沉重了，实在背不动。而如果家里有两个孩子，情感债就轻多了——一个孩子指望不上，反正还有一个孩子。"虽然我让父母失望了,但是你也没让父母满意,大家是难兄难弟。"对两个孩子来说,都感觉轻松多了。

老二来了,老人的参与度就会很高,隔代教养更多见。一个孩子父母还可以自己应付,如果有两个孩子,通常需要寻找帮手,老人就是最常见的参与者。有一个问题是,第二个孩子来的时候,老人的年龄更大了,可能会体能不足,精力不济,更难应对活泼的孩子。此时,他们要么怕出意外,更严格地限制孩子的行动;要么疏于管理,放任孩子。老人加入后,家中的人际关系更复杂了,父母要面对的问题更多,能不能妥当处理彼此间的关系是个极大的考验。有的父母养育第一个孩子时还能够胜任,生了第二个孩子后就感觉处处有麻烦。难以应对的父母会情绪失控,有时甚至会歇斯底里,对着孩子发泄,这当然很糟糕。

之所以发生这种情况,常常是因为两孩家庭的父母过于理想,沉浸于大家庭的温暖幻想中,没有预先想到会遇到的问题,更没有处理的办法。这种情况真不少见。经常有父母问我,说自己的孩子太自我中心了,太幼稚了,再生一个会不会好一点?问出这样的话,当然可以猜到父母的想法是很天真的,第一个孩子的自我中心心态不是再来一个孩子就能自然而然地克服的。老大原先是家里的焦点,老二出生之后,他作为中心人物的这种感受突然没有了。老大如果已经习惯这种感受,面对新局面,他并不会天然地朝前走,进入下一个阶段,反而容易固着在上一阶段,一直寻找中心人物的感受。没有这种感受,他就找不到存在感,这就会形成人格问题,比如形成自恋型人格、表演型人格等。老大怎么才能再次成为中心人物呢？他会故意捣乱，甚至伤害自己，让父母不得不把注意力放在他身上；他会作出一些出格的行为，与弟弟或妹妹争夺父母的爱。如果老大年龄较小，处于两到七岁，他受到的伤害最大。因为对于这个年龄阶段的幼儿，自我中心是其思维发展特点，他会形成在家里是中心人物的生存感受。此时弟弟或妹妹出现了，对他来说就是个很大的挑战。要解决这一问题，并不能借助老二的出现。解决的办法很简单：如果全家人坐在一起吃饭，父母要先给老人夹菜，不要先满足孩子的需求；一起吃饭的时候，不要把孩子的事情作为话题，在对话的时候让他做听众。因为独生子女的家庭往往出现一个现象：所有议论的话题都围绕着孩子，孩子的一举一动都能获得父母的关注。让孩子成为听众，不把孩子作为首先照顾的人，才是把他放在合适的位置上，孩子才能够察言观色，理解自己在家中的角色。这样做，孩子的心智成熟度就会高一些，能够感受他人的情感，摆脱自我中心的状态。

有些父母年龄比较大，第一个孩子已经上初中或者高中了，此时再来一个弟弟或妹妹，对第一个孩子来说，他很难和新来的婴儿建立联结。他会觉得，这个孩子与自己没关系。父母试图让老大加入共同活动，老大可能心生厌烦，游离于家庭新关系之外，这会形成新问题。

两个孩子之间的互动对彼此的成长有利有弊，核心问题是情感争夺，这需要父母谨慎处理。两个孩子的生活对父母来说也是挑战，需要预先想好应对策略，找到解决办法。

姐弟模式中的牺牲者

我曾经遇到这样的案例：小女孩上一年级的时候，家里添了小弟弟，妈妈对小女孩说："我已经够烦了，你乖一点，我没有工夫管你！你自己管好自己。"听到这样的话，小女孩心里很清楚，她无法跟弟弟争宠了。从此之后，她很克制自己，变得非常沉默。当爸爸意识到问题，带她来做心理咨询的时候，小女孩甚至开始脱发了，可想而知，这个小女孩承受的压力有多大。

两孩父母都可以问问自己：有没有要求第一个孩子忍让或者照顾第二个孩子？第二个孩子出生后，第一个孩子有没有极端表现？

在两孩家庭中，尤其是姐弟模式的家庭中，姐姐常常成为牺牲者。之所以出现这种现象，与三个因素有关。第一个因素是文化传统的影响。不可否认，我国很多地方有重男轻女现象。如果第一个孩子是女孩，很多父母会选择再生一个，他们会期待第二个孩子是男孩。没有如愿倒还罢了，如果如愿以偿，姐姐常常会被要求忍让和照顾弟弟。有重男轻女情结的妈妈，拥有了儿子后，看儿子的眼神都不一样了。之后爷爷奶奶和亲戚朋友都来看望新生儿，这本来就是第一个孩子心理冲击最大的时刻，妈妈却常常忽视她的心理调整，无形中让她遭受重大打击。接下来，她发现自己不再是父母心中的宝贝，妈妈总是说，"弟弟还小，你要让让他"，等于要求她也把弟弟当成宝贝。在这样的家庭氛围中长大,弟弟会认同"我是需要全家照顾的人,我是全家最重要的人"的理念,坦然接受所有人的付出。我以前讲过一句话,这个世界上所有的孩子都会为母亲牺牲。姐姐知道母亲的需要,时间长了,她会甘心扮演牺牲者的角色。这种现象在农村尤其普遍,姐姐从小照顾弟弟,长大后还会代替妈妈全方位包办弟弟的事情,包括经济上拿出钱来为弟弟娶妻盖房。旁观者不理解,但生活在这样的家庭中的姐姐认同父母的观念后,做出此类事是完全可以预期的。

第二个因素是性别角色的影响。女孩的心理成熟度一般高于同年龄的男孩。如果第一个孩子是女孩,她成为姐姐时,心智成熟度比弟弟高出很多,已经开始接受文化对女性这一角色的塑造。例如,女孩子应该是善良的、温柔的、热爱照顾他人的、打理家务的,这些传统性别形象会影响姐姐,使她倾向于成为一个照顾者。

第三个因素是长幼次序的影响。有心理学家认为,出生顺序会影响孩子的健康、人格和性格特征。家庭中的老大常常更负责和稳重,老二则更活泼和调皮。孩子会把自己和兄弟姐妹作比较,从而寻找自己的角色定位。基于此,每个孩子对自己感觉到的环境会有不同的解释,进而影响其寻找自我价值和自我归属的行为。

如果姐弟之间的年龄差距大,比如差了五六岁或者更多,姐姐的问题会少一点。如果两个孩子年龄差距小,只有一两岁的差距,姐姐就会用其他策略来吸引父母的注意力。例如,姐姐很容易生病,总是好不了,父母不得不多注意她。我曾见到一个女孩,她的状态非常让人感慨。她一岁多时妈妈又怀孕了,之后生了个弟弟。弟弟出生后她常常生病,大病小病不断,直到上小学了,还会经常晕倒。这个家庭经济条件挺好的,父母带着孩子走遍全国的医院去检查,始终没有查出具体的问题。我看到姐姐的医学检验报告,的确没有大问题。后来只能用中医来解释,说她肾气亏了。因为弟弟需要照顾,姐姐又频繁生病,妈妈就辞职了,在家里专门照顾孩子,大部分时间都在为姐姐的生病而奔波。姐姐读高中时,妈妈租了一个房子,住在学校附近专门照顾她。高中阶段母女大战爆发,大吵大闹,母女俩过来做心理咨询。我发现问题的根源在于小时候姐姐要用疾病来抢夺父母的关爱,我对姐姐说:"你其实没有病,这么多年你只能用生病跟妈妈建立紧密联结,但现在可以结束了。你已经是高中生了,可以独立生活了。"姐姐号啕大哭,妈妈也很感慨。妈妈把注意力挪到姐姐身上后,弟弟倒是挺独立的,成长得不错。

如果家中的两个孩子是姐弟组合,一旦弟弟大一点了,能听懂话,一定要告诉他,他将来要保护好姐姐,成为保护者,要当着姐姐的面这样说。弟弟会认同男性的责任,有所担当;姐姐会放下心思,不再扮演牺牲者。姐弟各安其位,相亲相爱,才能家庭和睦。

不同性别组合的影响

两个孩子性别不同,产生的问题也会不同。姐弟组合的问题,上文已经讨论过。比较轻松的是兄妹组合，这种组合两个孩子容易相处好。姐妹组合容易相互比较，其中的弱者充满妒忌；兄弟组合中这种情况少一点，但是弟弟常常会选择走不一样的路，至少与哥哥的道路有所不同。面对不同的性别结构，父母要有足够的智慧帮助两个孩子。

兄妹组合是个容易处理的性别组合。第一个孩子是男孩，在中国的文化影响下，妈妈生第二个孩子的时候心态很好——"如果有个女儿，就儿女双全了；如果是个儿子，那也不错。"家族里所有人的心情都很轻松，不太介意第二个孩子的性别。这样一来，妹妹来到这个世界上时，大家都是欢迎她的。一个女孩来到世界上就很受宠，在很早的时候给她的是爱与关注，这对成长的影响是巨大的。妹妹长大后，跟在比她大几岁的哥哥后面，随着哥哥玩，非常顺理成章。男孩玩的东西比较注重认知性和运动性，这对她的发展很有利；由于她跟男孩一起玩，会有一定的进攻性，将来会成为能力很强的人。哥哥因为要照顾妹妹，容易养成体贴、耐心、负责的态度，成为"暖男"。如果一个孩子发展得好，另一个发展得不好，好的那个孩子就常常要帮助另一个孩子，所以两个孩子齐头并进是最理想的结果。

如果是同性别的两个孩子，即姐妹俩或兄弟俩，同性别之间的竞争和妒忌就很难避免。老大一开始占有优势，但老二来了，老大会有什么感受？老大会认为自己不够好，否则妈妈干嘛又生一个？同性别的老大与老二，其中一个经常满心愤怒，两个人长大后未必如父母想象得那么和谐，尤其是两个儿子，甚至会互相伤害。

想让两个孩子都成长得很好，难在什么地方？难在父母和家中其他人要"一碗水端平"，这听起来容易做起来难。有时候阻挡不了老人，他们随口就会议论两个孩子："哎哟，老二长得真不错，像他妈；老大难看，塌鼻子，像他爸。"老大听到马上灰心丧气，老二趾高气扬。他们两个人之间的比较如果天天发生，其中较弱者就把自卑刻在了心上。到后来，如果老大很排斥老二，父母又做得不好，没有注意老大的情绪，老是当着两个孩子的面叫老大谦让老二，那么父母一离开，老大就会冷落老二，甚至打他。老大老是排斥老二，一个生命来到这个世界上被另外一个与其血脉相连的生命强烈排斥，成长中的风险就很高。有些精神病患者就是这样发病的，他被哥哥、姐姐强烈排斥，心理受到巨大伤害。父母和其他家人不能在一个孩子面前讲另外一个孩子的好坏，去议论另外一个孩子，孩子之间是有差异的，两个孩子不可能一模一样。父母要尊重两个孩子的差异，鼓励他们朝不同方向发展，双方各有专长，又不相同。比如姐姐擅长画画，妹妹擅长弹琴，这样就不容易起冲突。

我强调一下，同性别的两个孩子，老大怎么对待老二非常重要。如果是姐妹组合，父母一定要鼓励姐姐善待妹妹。姐姐对妹妹的接纳，对于妹妹的自我认同和发展有重要影响。我曾遇到一个案例，姐姐不接纳妹妹，她不打妹妹，但是会在亲戚朋友在场的时候讽刺妹妹，挖苦她，平时也经常嘲笑她。其实姐妹两个在学校里的表现都挺好，成绩都不错，但是妹妹非常痛苦，患了儿童抑郁症。她们的妈妈是一个不敏感的人，没有意识到姐妹间的暗流涌动，没有发挥应有的调节作用，结果很让人遗憾。后来姐姐调整了态度，妹妹的状态就好多了。

如果是兄弟组合，年龄相差小一点，他们是可以一起玩的。年龄相差大一点，比如差了五六岁，老大很容易退化，即老大很容易"装小"。因为他这个年龄可能上幼儿园大班，也需要父母高度关注，但老二因为年龄小，会夺走一部分关注，老大就会以为，只有成为更小的孩子才会被关注，所以他要变成更小的孩子。如果父母此刻再跟他讲，"你长大了，不要来烦我们了"，他就更加行为退化了。兄弟组合的另一个麻烦是，老二绝不学老大，他要寻找新的方向。老大读书读得好，在学习上很优秀，老二就不走这条路，他要走另外一条路，比如长大后去经商或者做文艺工作。如果老大读书很差，可能老二读书就会很好。这是太常见的现象。

不同性别组合的两个孩子，各有需要面对的问题。我们没有那么巧，生出的孩子都是兄妹组合。遇到其他组合，父母要多付出努力，要有一定的敏感性，不能忽视两个孩子的感受。不要因为老二小，就想着先照顾好小的那个，等小的长大了再来处理大的孩子的问题，老大不可能乖乖地等着父母抽出空来。两个孩子的发展都需要顾及，他们的感受都不能忽视，父母一开始就意识到问题，就不容易让小问题变成大问题。

两孩家庭的关系模式

在两孩家庭中很容易出现这样的现象：妹妹不小心把姐姐的手工作品弄坏了，两人发生冲突，妈妈仅根据事情表象作出了主观判断，本来想息事宁人，结果导致姐妹俩的关系恶化；弟弟抢哥哥的玩具，妈妈让哥哥让着弟弟，哥哥不肯，扑过去打弟弟，最后两个人一起号啕大哭。两个孩子之间的纠纷频频发生，让父母筋疲力尽。父母有没有考虑过，两个孩子之间的矛盾可能源于家庭关系模式不同，父母对待他们的方式不同？

家中有一个孩子和家中有两个孩子，家庭关系模式很不同。一个孩子与父母是三角关系，有时会形成两对一的关系，比如母子很亲密，把爸爸排挤在外；或者父女关系很好，一起对付爱发脾气的妈妈。尤其是夫妻关系不太好的时候，更容易形成两对一的关系。继而，两对一的关系又对夫妻关系有负面影响，如母子过于亲密，爸爸插不进来，就会经常不回家，在外面待到很晚。当然，孩子与父母的关系也可能是循环式的，比如最近这段时间爸爸脾气不好，经常训斥孩子，孩子就会接近妈妈；如果近期妈妈脾气不好，责骂孩子，孩子又会接近爸爸。

家中有两个孩子时往往形成两对两的关系。两对两的关系一般比较稳定，变化较小。如果是一个男孩和一个女孩的组合，爸爸会跟女儿结成一对，妈妈会跟儿子结成一对，两两对抗，这是最常见的现象。如果两个孩子同性别，我们可以看到，两个都是男孩的话，爸爸往往会站在小儿子这边。也就是说，妈妈跟大儿子是一派，爸爸跟小儿子是一派。因为雄性动物保护小生命是天然的本能，爸爸很容易站在小儿子那边保护他。两个孩子如果都是女儿，倒不见得一定是大的孩子跟随妈妈，小的孩子跟随爸爸。常见的是小女儿与妈妈关系亲近，大女儿与爸爸亲近。因为妈妈第二胎生了女儿后，爷爷奶奶和外公外婆都不新鲜了，而妈妈的爱是无条件的，她会宠爱小女儿，好与大女儿获得的关爱达成平衡。

两个孩子之间的关系想要维持好，父母需要作出努力。首先，父母必须看到两个孩子是完全不同的孩子，他们的天赋不同，个性不同；要尊重孩子的不同之处，在观察孩子的天赋条件后，在其优势潜能领域创设有利于发展的情境。两个孩子中可能一个有音乐天赋，可以送到音乐附中；一个有运动天赋，可以接受各种运动训练。父母要有心理准备，有两个孩子肯定要比有一个孩子付出得多。当然，有父母会说："我们的两个孩子都有音乐天赋，怎么办？"可以一个去学钢琴，一个去拉小提琴，将音乐天赋用在不同的乐器上，避免狭隘的内部竞争。有了两个孩子以后，父母会知道教育不是万能的。只有一个孩子时，在高期望的推动下父母会有错觉，以为只要孩子努力或者认真推动，他就会很优秀。如果孩子表现不好，父母会很焦虑。现在有了两个孩子，父母会发现，天赋的确不同，教育并不万能，很多时候需要顺其自然，育儿焦虑自然减少了。

其次，让第一个孩子做好迎接第二个孩子的心理准备，是两个孩子建立良好关系的开端。现在很多父母会询问第一个孩子："我们再给你添一个弟弟或妹妹，你同意吗？"这种询问似乎在暗示，要不要再生一个孩子可以由老大决定。这其实不是真的，生育权掌握在父母手中。老大此刻同不同意，都难以代表之后他是否欢迎老二。除非是已成年的孩子，才能对再来一个弟弟或妹妹的利弊有清晰的判断，但已成年的孩子已经可以脱离家庭，弟弟或妹妹对他来说没有太大意义了。对于未成年的孩子，他所说的话无法建立在合理判断的基础上：说欢迎老二的孩子，在弟妹出生后发现婴儿又吵又事多，占去了妈妈的时间，便可能改变主意；说不欢迎老二的孩子，发现婴儿粉嫩可爱，也可能改变主意。所以，父母不用问无用的问题，可以直接告诉老大："爸爸妈妈喜欢更大的家庭，有更多孩子的家庭，所以打算再生一个孩子。你可能会得到一个妹妹或一个弟弟，不管是弟弟还是妹妹，都会是这个世界上你的一个亲人。你没来到这个世界上的时候，爸爸和妈妈很相爱，你来了之后，爸爸和妈妈既彼此相爱，又开始爱你。弟弟或妹妹来了之后，爸爸和妈妈同样既相爱，又爱你们两个。爸爸和妈妈的爱不会减少，只会增加。你除了收获爸爸和妈妈的爱，还会收获一份新的爱。"这样讲老大可以理解，能够逐渐明白事理。

最后，处理两个孩子的纠纷时要注意几点：第一，不要总让老大谦让老二。老大也只有一个童年，不能让他的童年在谦让中度过。第二，父母可以当着两个孩子的面表扬其中一个，但不可以批评其中一个。父母批评任何一个时，另外一个孩子也会有羞辱感。所以表扬可以公开，批评时只能单独和要批评的孩子谈。第三，两个孩子争吵时，妈妈不要介入。妈妈一旦参与，就变成了争夺妈妈"芳心"的战争，无论谁落败都会很失落。让两个孩子自己争吵，吵完了妈妈再处理问题。不要担心场面会不可收拾，不会的，普通的小纠纷会很快消失，孩子没有那么持久的喜怒。父母不介入，两个孩子反而容易建立友善的关系。当然，在隔代教养的情况下，还需要做好老人的思想工作，让他们不要随意评判两个孩子，不要故意问"爸爸妈妈更喜欢谁"这类问题。更不要对孩子说"爸爸妈妈有弟弟了，不喜欢你了"，这类话对孩子伤害很大。成人不要问这类"恶劣"的问题，它既不有趣也不有益。

第八堂课：

隔代教养的特点

隔代教养的基本原则是，角色边界一定要搞清楚。老人是帮手，仅仅是帮手，不是主宰，不能取代父母的位置。

隔代教养的类型与特点

从孩子生下来,老人就参与养育孩子,有的甚至成为养育孩子的主力;上幼儿园或小学后,孩子基本上由老人接送,日常生活由老人打理。这就是隔代教养,在城市中非常普遍。

中国的隔代教养有个特点——一大批老人在养育独生子的独生子。这非常特别,在中国广泛存在,历史上却很罕见,所以这一代老人带孩子时面对的问题也是前无古人的。最近又开始遇到老人带独生子的两个孩子的新问题,一对夫妇有两个孩子,只要不是牺牲其中一个做全职妈妈或全职爸爸,老人就一定会参与其中。独生子在成为父亲或母亲的时候,他/她可能还未足够成熟,这是现阶段隔代教养的背景。

依据老人的主观意愿,可以将隔代教养大致分为几种类型:一种是积极主动型,这类老人早就规划好自己的退休生活,就是想帮助下一代带孩子,他们会无条件地奉献自己的时间、精力和财力。积极主动型老人很热情,会全方位地参与孙辈的教育,孙辈的事情实际上是老人在打理,父母反而游离在外。因为积极主动,老人会有很多想法，甚至会拿出钱来，相应地，会希望获得主导权。这类老人中，有的觉得自己的人生比较失败，想在第三代身上努力；有的觉得自己的孩子没有养育好，要在孙子或孙女身上纠正曾经的错误；有的甘于奉献，要为孩子彻底牺牲。

另一种是无奈型，这类老人并不愿意参与孙辈的教养，他们还有很多心愿没有完成，有自己想做的事，但是儿女需要他们的帮助，因而深感无奈。比如子女是异地婚姻，一方父母在远处，另一方父母只能承担帮助教养孙辈的任务。老人内心不愿意做这些事，就会有很多抱怨，觉得自己再次为子女牺牲了，因而不开心，容易不耐烦、不合作。

最后一种是苦苦支撑型，他们是最可悲的。这类老人原本身体不好，迫于现实还要勉力带孩子，对他们来说这一局面其实非常残酷。双方父母常常一方生病了，另一方离得太远，出现各种状况。按道理，父母应该调理自己的身体，安享晚年，现在被迫支撑着带孩子，当然会心情很差。有时候好不容易带大了一个孩子，第二个孩子又降生了，他们更受不了了，感觉苦海无边。

老人带孩子的特点，一是活动量很少。老人常常体力下降，精力不济，坐着不想动。老人不出门活动，孩子也就没法出门。这是由老人本身的生理条件决定的，老人希望孩子坐在小推车里推来推去，而不要跑来跑去。但活动量对幼儿非常重要，幼儿需要通过运动刺激肌肉生长，促进神经发育；幼儿需要和小朋友一起奔跑，开启最初的社交生活；幼儿需要在自然中探索，摸摸这个，认识那个,了解万物。缺乏户外活动的负面影响是多重的,对幼儿的长远发展很不利。二是容易过度保护。养育孩子,安全第一。年轻父母精力足,可以随着孩子跑来跑去,监护他的安全,老人做不到,就会限制孩子的活动范围。前面提到,中国特殊的隔代教养背景是,老人要帮助养育独生子的独生子,这会让问题更严重。唯一的孩子的唯一的孩子,多么珍贵,绝不能出事,那就索性锁在身边。三是不重视孩子的独立性。老人带孩子,通常饮食上是很周到的,吃穿方面处处想得到。他们怕孩子饿着,宁肯追着喂孩子,导致孩子饮食过量,或养成很差的进食习惯。四是过度关注孩子。老人通常会时时刻刻盯着孩子,孩子总是生活在目光下,举手投足都有人询问或管理,这样其实压力很大,会让孩子很压抑。

目前无奈型老人是最多的,酿成各种家庭矛盾。隔代教养考验多方面关系,需要年轻父母理性应对。

情感争夺战

老人参与育儿后,常常与父母产生矛盾。如果家里有两位老人,老人之间也可能出现矛盾。我们要意识到,这实际上是一场情感争夺战。

外婆与妈妈之间常常发生冲突。这种冲突主要源于外婆全心全意地帮助自己的女儿,想减轻女儿的负担,所以不管是孩子的饮食起居还是娱乐活动,都由外婆负责,这样做确实让妈妈轻松不少,也很让人放心。但是一旦出现问题，妈妈就容易挑剔外婆的行为，责怪外婆。此时外婆已经与孩子形成一级亲密关系，孩子对外婆有很深的依赖，会更偏爱外婆。妈妈看到自己丧失了在孩子心中的主要地位，更加生气了。

我曾遇到一个案例：外婆已丧偶，女儿结婚前，外婆独自居住，女儿婚后有孩子后开始随女儿生活。本来女儿生孩子了，她过来帮忙带孩子，感觉天经地义，但外婆积聚多年的情感完全投注在孩子身上，陪孩子睡觉，给孩子喂饭，时时处处跟随孩子，就像再养育自己的孩子一样。外婆跟孩子的感情，实际上是一种母女的感情。一开始女儿觉得有这样的妈妈多好啊，既轻松又放心。但过了一段时间后，尤其是孩子到了三四岁，开始上幼儿园的时候，家里的气氛不对了。妈妈老挑剔孩子，总是指出孩子哪里没做好，像个老师；外婆则像老母鸡一样保护孩子，"孩子还小，你小的时候还不如她呢"。孩子自然更喜欢外婆，妈妈开始感觉不对劲，觉得自己丧失了妈妈的地位，母女矛盾就出现了。女儿希望孩子与外婆拉开一点距离，让外婆周末回去住，或者不要跟孩子贴得那么近；外婆却离开不了，走不掉，她单身，没有牵挂，把情感完全倾注到孩子身上，她感觉女儿没有良心，利用自己，用完就丢。她号啕大哭，痛骂女儿；女儿也哭了，家里闹翻天。对孩子来说，最亲密的养育者与妈妈闹翻了，自己被迫要选边站了。因为情感更亲密，孩子坚决不听妈妈的，维护外婆。对于妈妈，她输掉了亲生女儿的爱，也非常痛苦。

有时候外婆和女儿之间的不满并非源于争夺孙辈的感情，而是来自成长过程中受到的伤害。如果原生家庭不理想，幼年和童年时期没有被善待，长大后留下了某种创伤，平时没有机会展现，有了孩子后，大家被迫居住在一起或者频繁相处，就会激发出来。吵来吵去听上去是为了孩子的事，实则不然，这种争吵有更深层的原因。孩子成了吵架的媒介，女儿要表达的是小时候受到的伤害；外婆也很伤心，她带孩子很辛苦，女儿还老跟她吵架。外婆不明白，这是女儿在袒露曾经的伤口，那些伤害没有消失，此刻变本加厉地出现了，要讨回公道。可悲的是，有时成人世界的战争会延续到下一代身上，爱与伤害同时在传递。

外婆和奶奶之间也会争夺孩子的感情。如果双方都是独生子，这种争夺就更激烈了。双方都希望孩子跟自己更亲密，甚至会斤斤计较孩子随谁的姓，所以现在很多孩子起名字叫张王某、赵李某等，很公平，两家的姓都放上去。一搞这一套，大家就会明白，其实抢夺的是孩子的心。这就造成了爷爷奶奶和外公外婆百般讨好孩子，为孩子买很多东西，丧失了养育者的立场。本来应该约束孩子少吃零食，吃好正餐，但为了讨孩子欢心，开始想吃冰淇淋就买冰淇淋，想要饼干就给饼干，不管时间和场合；本来应该让孩子有节制，不随意买玩具，现在成了随手一指就去买，比谁买的东西多，谁买的东西贵……更可怕的是，爷爷奶奶和外公外婆还会频频问孩子："你最爱谁啊？是爷爷奶奶还是外公外婆？""看看，是不是我们对你最好？将来要不要对我们好啊？"双方老人争风吃醋，都不关注孩子的长期发展，只想让孩子在情感上倾向自己这一方。如果争夺战非常激烈，还会影响夫妻感情。因为老人会忍不住和自己的孩子唠叨，导致小夫妻之间的矛盾。

当然，老人与子女之间的冲突还有一部分源于观念冲突。老人的育儿理念陈旧，如果不学习，跟不上子女的节奏，冲突就会很大。新手父母通常没有经验，他们自己看书或者听课，回来后照搬，很教条主义，老人并不服气，吵闹不休，弄得很不开心。父母不妨灵活处理，不用刻板地执行各种方案，不是原则性的问题不用固执己见，和睦的家庭对养育最有利。当然，如果老人问题太多，也应该与其讨论，必要时可以引入专家的意见。通常，老人会比较信任专家，让专家代你说出建议，会更容易执行。

大家都爱孩子，都想以自己的方式对孩子好。要维持家庭和睦，让孩子有良好的成长环境，就要做好心理准备，努力避免问题产生。

婆媳矛盾

婆媳矛盾是亘古难题，孩子出生后情况就更复杂了。

孩子来了，奶奶过来帮忙带孩子，这是太"好"的一个平台——吵架的平台。有时候，孩子很可怜，看上去矛盾都因孩子而生，实际上孩子只是导火索，婆媳战争与孩子无关。这种争吵还会把另外一个人——孩子的爸爸拖进来，因为对婆媳双方来说，他都是她们最亲密的人。婆婆会跟儿子说她心中的不满，媳妇要跟老公倾诉她的不开心，这就变成三角关系，更麻烦了。

婆婆对媳妇常有妒忌之情，但自己意识不到，这种情况下，情感争夺会蔓延到第三代身上。我遇到过一个案例：婆婆怕媳妇嫌弃公公烦，就丢下公公，让他一个人住，自己住到媳妇家里带小孩。婆婆很辛苦，甘于牺牲，一住就是多年，孩子上小学四年级了。孩子身体不错，但学习成绩不好，在班里倒数第一，一家人坐在一起找原因。媳妇觉得孩子很聪明，不应该是这种表现，主要是婆婆做得不好，让婆婆回自己的家。婆婆难以接受，过来找我做咨询。她对我说："我不能回家啊，孙子需要我，他生下来就由我照顾，他妈妈都不管他的。他爱吃什么东西，他妈妈都不知道！"一听就知道这是情感争夺，孩子跟奶奶很亲密，与妈妈的关系堪忧。我深入分析后，婆婆才意识到其中的问题。

有时候，婆媳之间有观念冲突。如果婆婆坚持自己的观念是正确的，媳妇也认为自己正确，家庭一定会变成战场。比如外面刮风了，婆婆要给孩子加一件衣服，妈妈不肯，觉得不需要如此，不经历风雨怎么能成长？不要那么娇气，只要不冷就行了。到后面大家吵起来，都觉得对方的决定不对。要是爸爸再参与进来，就更不得了了，支持谁都没有好结果。如果婆媳在孩子教育问题上的观念冲突很激烈，不妨去请教专家。既然双方争吵起来，谁都不服气，不如引入一个权威人物，大家都听听第三方怎么说。将争吵的东西放到专家面前，请专家分析一下。专家没必要偏向谁，婆媳都可以虚心听一听。

婆媳之间的矛盾有时涉及双方家庭。如果双方家庭的经济条

家有幼儿

件、教育状况、生活习惯等大致匹配，一般不容易出问题。如果双方各方面差别很大，就很难融合。例如爷爷奶奶大大咧咧，家里乱七八糟，不喜欢整理东西，也不注意细节，一回家踢掉鞋子就行，不会把鞋子放到鞋柜里；而外公外婆是医生，特别注重卫生，有洁癖，家里非常整洁，孩子的玩具都要定期用酒精棉球擦一擦。生活习惯的差别如此之大，等婆媳住在一起或者共同养育孙辈时，问题就很多。起初只是小细节不融洽，后来矛盾之处越来越多，大家都觉得对方的习惯很不好，需要改一改，积累起来的矛盾势必导致情感裂痕。对孩子来讲，他也会无所适从。奶奶说要这样做，妈妈则要那样做，他该怎么办？两个人都参与养育，都是亲密无间的人，孩子的认知水平有限，理解不了这种状况。

在已经出现矛盾的情况下，双方都要保持克制，不要把孩子牵扯进来，尤其不要在孩子面前说对方的坏话。直接对孩子说妈妈的不好之处或者奶奶是个坏人，都只有坏处，没有好处。这样做不仅会激化矛盾，而且伤害孩子。世界上能够保护他的两个人打起来了，他还能有安全感和信任感吗？

没有完全和睦的家庭，双方都需要清楚自己的位置和该做的事，明智地相处。孩子感受到两代人的爱，会成长得很好。

孩子不能成为牺牲品

现在很多父母会选择由两边的长辈轮流抚养孩子，初衷往往是为了减轻双方的负担。为了保持公平，要平均分配养育孩子的时间：一周归爷爷奶奶，一周归外公外婆，交替进行。孩子跑来跑去，不能稳定地居住在某个地方。这样做会有两个问题：一是两边的抚养方式不一样，会形成矛盾。比如奶奶比较宠爱孩子，会满足孩子的所有需求；外婆要求很严格，要让孩子守规矩，孩子在两个家庭中形成的行为模式不一致。二是孩子每周或每隔一段时间就要换地方，刚适应奶奶家的生活，又要到外婆家重新开始适应，没有稳定感和归属感。

可以选择的策略是，父母带孩子，双方老人轮流帮忙。单独由一方老人带孩子的确辛苦，可能吃不消，那么可以换种方式：双方老人轮流到小夫妻的家中帮忙带孩子，而不是把孩子带回自己家里。这样，孩子有稳定的住所和稳定的抚养人，就有了稳定的养育环境。

这样做还有一个重要的好处是，比较有利于老人摆正位置，清楚自己的角色。隔代教养有一个基本原则，父母一定要清楚：老人如果要参与养育，其角色定位是帮手。老人根据孩子父母的指令和计划安排孩子的日常生活，父母回来后就可以退出来，回归自己的生活，把空间还给他们，不要破坏父母与孩子之间的情感。帮手要有帮手的态度，边界要清晰。

孩子属于父母，不属于老人。老人作为帮手的任务是，听一听父母怎么安排，尤其是妈妈怎么安排，然后帮助实施。在孩子小的时候，女儿或者媳妇出门前交代："今天上午天气好，带孩子出去晒晒太阳；中午给孩子吃面条，清淡一点，不要给他吃零食，这几天正餐吃得太少了;下午不要睡太久,睡到三点就可以了,不然晚上睡不着。"老人就尽量按照安排好好管理孩子。如果觉得不合理,可以提一提,请妈妈考虑一下。孩子大一点了,妈妈恢复上班,老人可以在妈妈不在家的时候全程陪伴,替代妈妈照顾孩子。妈妈下班了,老人就离开,这里离开的重点是让妈妈与孩子待在他们的情感世界里,不去介入。尽量让孩子与妈妈一起睡觉,老人不要哄睡。孩子从妈妈肚子里生出来,在子宫里待了九个月,睡在妈妈身边最安心,那是他曾经的家,其他任何人睡在他旁边都是旅馆而已。妈妈的情感是天底下最重要的情感,与妈妈的关系不正常一定会让孩子痛苦。老人要意识到这一点,不要妒忌,让妈妈跟孩子建立最亲密的关系。等到孩子大了,开始上幼儿园,开始学习生涯了,老人不要主动承担教育任务,哪怕能力很强,曾经做过教师,也不要主动去教孩子。当然,老人可以讲讲故事,谈谈传统习俗,但具体学习安排要由父母决定。上学之后还有家校联系问题,因为接孩子的常常是老人,所以老师有可能向老人反映孩子的情况,老人转告父母即可,做个传声筒,不要插手。老人的话不代表父母的意图,如果双方表达不一致,老师会觉得这家人搞"两套班子",教育出了问题。

老人也不要当着孩子的面与孩子父母争吵,或者说有损孩子父母形象的话。尤其是外婆或奶奶,不要打击孩子的父亲。比如孩子要换尿布了,爸爸准备给他更换,外婆喊道:"你走开,我来。你不行的,你搞不来这个。"她总觉得爸爸照顾不了孩子,不让他抱,不让他参与育儿,爸爸就自然脱离了孩子的生活。外婆要鼓励孩子跟爸爸单独在一起,孩子需要父亲这一角色,父亲是引导者,会带领孩子探索世界。

如果老人守住边界,认真做帮手,父母不可能不欢迎。两个家庭像两个圆,各自有自己的范围;不要把两个家庭搞成大圆套小圆,或者两个圆交叉起来。出问题的往往是那些能干的老人,他们社会成就高,退休了带孩子也不甘心退居次要地位,还要扮演核心角色。我曾经遇到一位老人,她是搞教育出身,人脉和资源很多。她想决定孙辈怎么受教育,上什么学校,学什么东西,平时应该如何做。她管得非常具体,甚至设法找来名校的卷子让孙子做。她觉得这很正常,是在自己的领域内照顾子孙,要把第三代人也罩在自己的翅膀下。结果媳妇不领情,孙辈也未必能够按照她的经验顺利成长。

父母要注意,要有意识地划清界限。如果既接受老人的资助,又依赖老人处理事情,想要分清楚就不容易。人的权利是对等的,老人付出很多,他就会有更高的期望。如果孩子上幼儿园的钱都是老人出的,孩子父母就没办法阻止老人决定孩子的生活。平时也要有意识地将两家人分开,父母与孩子是一个完整的家庭,两位老人是另一个完整的家庭。两个家庭有不同的规划,周末可能去不同的地方,见不同的朋友,不用掺和在一起。

边界模糊,矛盾丛生,双方都既辛苦又不开心,有什么意义?边界搞清楚,大家知道该做什么,就会心中踏实,关系和睦。

第九堂课：

处理幼儿的分离焦虑

幼儿依赖妈妈是本能。当妈妈离开，幼儿会出现分离焦虑，经历哭泣—恐惧—无奈三个阶段的变化。处理好与妈妈的分离，幼儿会充满安全感。

幼儿的心理变化

一个小生命,他来到这个世界上,需要保护才能活下去。一开始,他会难以与保护者分离。通常母亲是养育者和保护者,母亲因而成为安全岛。安全岛在,他可以游戏,可以玩耍;安全岛离开,他就如同坠入水中。所以孩子离开母亲的时候,自然会产生恐惧感。婴儿期的分离焦虑比较正常,到了幼儿期仍然出现这样的问题,孩子就会出现入园焦虑。

分离焦虑很常见,但每一个孩子的表现不太相同,有的孩子表现得很明显,有的孩子则很少焦虑。假如一个孩子要上幼儿园了,没有出现分离焦虑,这才比较奇怪。婴儿要离开妈妈的时候,会是这个样子:第一阶段,婴儿哭得很伤心,很着急,不停地找妈妈,试图让妈妈回来。如果这个时候有陌生人安抚他,他会拒绝。接下去,这个孩子会很愤怒,假如妈妈始终没有出现,就可能进入第二阶段。在第二阶段中,婴儿开始变得冷漠,他不再哭,因为哭了没有用,妈妈是不会出现的。此时,他虽然没有像上一个阶段那样着急地哭,但是他的恐惧感加深了。到了第三阶段,他已经很无奈了，开始寻找可以替代妈妈的人，寻求新的保护者。这三个阶段会很明显，在第二个阶段的时候，孩子的内心已经受到伤害。观察孤儿院里的孩子，会发现他们会经历这三个阶段，然后依赖新的养育者。不像正常家庭中的孩子，妈妈八小时工作结束后会回到家，孩子的心灵伤害会被抚平，然后慢慢理解妈妈出门了还会回来。理解之后他会脱离第二阶段，恢复正常。在第三阶段，幼儿试图适应环境，因为他要存活，这是生命的本能。我们可以理解，一个人在婴儿阶段就被抛弃，他在生命早期受到的伤害是很深的，埋在潜意识里。这一生，这种伤害都很难抹去。

幼儿的分离焦虑往往出现在陌生场合，比如需要在一个陌生的环境中待一段时间。常见的情景是，幼儿去早教机构，妈妈对幼儿说："宝宝，你要在这里待一会儿，会有很多小朋友和你玩，老师也会陪你玩。"幼儿看到妈妈离开，一开始会试图随着她离开。在陌生的环境中，幼儿不理解新环境中会发生什么，下一刻会出现什么，会不会有陌生人接近他，是否有不能处理的事件出现，于是他拼命找妈妈，找不到就开始哭。他先去找妈妈，而不是马上哭泣，这是与婴儿阶段的反应不同的地方。后来，如果妈妈始终不出现，他哭了很长时间，别人的安抚也没什么效果。最后，安抚他的人也走开了，他发现自己无论如何都要在这里待上两个小时，早教机构中所有人都是陌生人，他的哭泣没有用。他开始生闷气，甚至会冒这种念头：等妈妈出现的时候，我绝不理她！妈妈出现后，他就用不合作来对抗妈妈，表达自己的愤怒。这种情况一再发生，幼儿很无奈，开始接受妈妈会离开一会儿的事实。当然，也有少数孩子无法正确对待分离焦虑，他的状态不太积极，只是很消极地等妈妈出现。

通常到了两岁以后，幼儿与母亲的分离焦虑会减轻。此时幼儿已经会走路了，是站起来看世界的，有了行动自主权；他的认知也发展了，知道妈妈还会回来，焦虑因此减轻了。

淡定处理入园焦虑

每年九月份，到了幼儿园开学的时候，幼儿园门口就会出现难舍难分的亲情大戏：幼儿号啕大哭，抱着父母的大腿不放，甚至躺在地上打滚；即使被老师带入幼儿园，幼儿也会长时间哭泣。尤其是刚入园的幼儿，每天没出家门，他就开始哭泣，父母好不容易安抚好，到了门口，他又反悔，不肯进去。这是常见的入园焦虑现象，是很多父母面临的棘手问题。

我们来讨论一下幼儿出现分离焦虑的最根本的原因。幼儿来到这个世界上，他与母亲建立了养育与依赖关系。有的孩子建立的这种关系很紧密，有的则比较疏离，少数孩子甚至不是与母亲建立这种关系，而是与奶奶或外婆建立亲密关系。依赖的人离开后，幼儿会感觉没有人与他亲密联结了，他不知道自己是否被抛弃了。他试图保持这种亲密关系，想一直紧紧地依偎着母亲，这是生命很自然的选择。婴儿与母亲建立的依恋关系是他的第一个社会关系，母亲是他的第一个关系对象,亲密关系互动的模式对他未来的社会化有深刻影响。在成长过程中,幼儿需要不断与更多的人建立联结,产生互动,这些都会受亲密关系互动模式的影响。在早期的亲密关系与分离中,他感受到的恐惧有多深,母亲与他分离时的举动,都会影响未来他与他人的互动中的内心工作模型。

入园时,幼儿已经经历了婴儿期的分离焦虑的锻炼,此时一个全新的问题出现:他要进入家以外的环境,并在其中待很久。他开始感受到一种跟婴儿时期不太相同的分离体验——不再是妈妈离开了他,而是他要离开妈妈,自己到一个新环境中。幼儿的父母首先要理解幼儿为什么会出现分离焦虑,了解分离焦虑的表现和特征,以及如何采用适当的办法帮助他尽快摆脱分离焦虑。

要减缓幼儿的入园焦虑,在上幼儿园之前就需要有所铺垫,比如多带孩子参加户外活动和集体活动。有严重入园焦虑的孩子,实际上户外活动量比较少,也较少参与孩子们的集体游戏。经常见到的是,养育者带着孩子出去玩,但是他们小心翼翼,紧贴着孩子,一步不分离。孩子被紧密地保护着,从未有过短暂离开养育者的体验,更别提参与同龄人的游戏了。养育者害怕游戏中孩子被冲撞、被欺负,宁肯把他拉走。这样的孩子入园后怎么能够适应新环境?对于这类孩子,上幼儿园之前养育者就要与其拉开距离:将他带到安全地带,让他在视线范围内活动,而不是在身边五米处活动。现在这一问题很普遍,如果是隔代教养,问题就更严重了。老人倾向于紧贴孩子,为了安全,紧拉着孩子的手,一刻也不敢放手。如果构建一个良好环境，比如在公园的草地上玩，让老人坐在旁边，孩子在草地上跑来跑去，就会有利于孩子习惯短暂分离。

另一件需要警惕的事情是，养育孩子的人，也就是对孩子来说最重要的人，在入园这个问题上要保持正面的态度，讲积极的话，不要进行负面暗示。有的孩子入园后哭泣很长时间，其他小朋友都开始玩耍了，他还在哭。等到下午放学，老人来接他，老师说，这孩子哭了一整天，饭也不肯吃。老人就觉得孩子很惨，太可怜了，带他回去时一路安抚他，但老人怎么安抚呢？"宝宝，你在幼儿园里太可怜了，可真是遭罪了。"这就是一种负面暗示。这种入园后哭泣很久的孩子往往在入园前曾接受过养育者的不良暗示，比如对他来说最重要的人是奶奶，奶奶日常照顾他，陪他睡觉。还没入园前，奶奶说："你快要进幼儿园了，那里要自己吃饭和睡觉的。老师不会帮你脱衣服，你要是中午不脱衣服睡觉，就会生病的。你要是不好好吃饭，老师不会管的，看你会不会饿着！"奶奶的初衷可能是表达忧虑，想推动孩子学习技能、生活自理，但这个很重要的人在担心，告诉孩子在幼儿园里他是无助的，孩子当然能感受到奶奶的情绪，他接收到的实际上是忧虑和不安。孩子会认为，要去的那个地方是不好的，奶奶会担心。可想而知，这个孩子的入园一定不会顺利。积极的暗示是这样的："宝宝，你要上幼儿园了，那里有很多小朋友和你一起玩，还有很多玩具，老师也会带你们玩。在幼儿园里可以听故事、唱歌和做游戏，小朋友在里面都会开开心心的，舍不得回来。"有时候重要的人未必对孩子讲忧虑的话，但是成人之间会讨论，在谈论入园问题时可能无所顾忌，没有意识到孩子在旁听。所以父母和其他养育者要有这种意识，入园前的正面暗示是比较重要的。

父母如果想做得更好一点，可以在入园前把小朋友带到幼儿园里看一看，熟悉一下周围环境，观察幼儿园里的小朋友都在做什么。孩子对幼儿园不陌生了，入园时就会比较顺利。

为何孩子不肯入园

有些孩子死活不肯进入幼儿园，问题可能出在成人身上，只是成人未曾意识到。这就是所谓成人生病，症状却出现在孩子身上。

就是不肯上幼儿园，需要父母强拖着去，路上大哭大闹，这种孩子往往是基础安全感没有建立的孩子。连家这种环境都不够安全，还要接受新环境，对他来说太难了。三岁前通常是获得安全感的基础年龄，养育者，一般是妈妈，最好可以母乳喂养，母乳是安全感的第一个来源。婴儿在母亲身体内孕育，九个月内与母亲血脉相连，一呼一吸都能感受到。出生时婴儿大哭，他面临一个需要适应的全新世界，他会感到恐惧。妈妈抱起他，喂他吃奶，气息相通，肌肤相贴，他听到妈妈的心跳，感受到身体的温度，会有熟悉感，从而获得安全感。此外，安全感还来源于在孩子两岁前妈妈会不会经常消失。两岁前孩子与妈妈几乎处于共生的状态，如果妈妈过早离开孩子，例如很小就将孩子送入托班，孩子常常极其没有安全感。晚上陪伴孩子睡觉也很重要。所有的小生命，天黑了都会感到恐惧。一只小鸟，天黑了要飞进鸟窝，鸟妈妈在，小鸟就心中安定。一只小鸟天黑了飞进鸟窝，等在窝中的不是妈妈，而是陌生的老鸟，它会惊恐起飞，不敢回巢。任何人在晚上都很难替代妈妈，妈妈的气息对孩子有安抚作用。

如果幼儿没有安全感，入园的时候就好像要到一个有生命威胁的地方；入学的时候，又会发现他很难安定地坐在教室里，无法安心听课。所以有些幼儿或小学生有学习困难或者在教室里表现不好，老师搞不懂是为什么，其原因往往埋藏得很深，是不同程度的恐惧感和不安感的积累所致。

在幼儿阶段，如果发现孩子没有安全感，要如何弥补？非常简单，父母要重新养育一遍。也就是说，父母可以重新陪孩子睡觉，抚慰他，重温养育过程。比如在星期六、星期天的早上，父母睡懒觉的时候，让孩子挤在中间，感受来自父母的温暖与力量。小时候弥补是完全来得及的，等到了青春期，就没什么好做的了。还有个比较好的办法是，多给孩子按摩，按摩者应该是妈妈，别人不能替代。同时，这类孩子入园的时候，妈妈去接送会比较好。送他的时候要对他说："你放心，妈妈也会来接你。"这样做的话，孩子入园哭泣的问题会好很多。很多妈妈是职场女性，要兼顾工作和家庭，压力很大，但妈妈在温柔抚慰孩子方面最好不要缺位，不要过于理性。分离焦虑是一个体现基础心理状态的问题，需要养育者耐心解决。

孩子完全没有分离焦虑的表现并不是好事。有一些孩子是特殊的孩子，比如自闭症患儿，在面临分离时会完全没有反应，妈妈在与不在都没关系；还有依恋关系建立得不好的孩子，他很冷漠，妈妈走了就是看两眼，没有更多的反应。没看到孩子有分离焦虑，父母反而要多想一下，排除病理性情况。

第十堂课：

做好幼小衔接

幼小衔接的核心任务是，不要让幼儿带着恐惧感进入一个新环境。父母要进行正面引导和暗示，让幼儿期待和乐于入学。

幼儿的心理建设

问各位父母一个问题：你们觉得从小学到初中爬的坡更高，还是从幼儿园到小学爬的坡更高？我的答案是，从幼儿园到小学爬的这个坡更高。

一个孩子进入小学实际上就是进入社会了，进入社会的人都需要承担压力，有来自同伴、老师的压力，有学业方面的压力。好的幼小衔接首先要考虑到这一点，不能让孩子带着恐惧感进入新环境。父母应该怎么做？首先在认知上帮助孩子衔接，让他对上小学这件事有具体的感受，对小学的生活有初步的了解。可以由妈妈带孩子去一趟学校，到周围看一看，如果还能进学校兜一圈就太好了。妈妈在给孩子讲关于小学的事情时要告诉孩子，学校是一个让人很开心的地方，还可以用自己的经验举例——妈妈上小学的时候一个星期内就认识了很多好朋友，鼓励孩子交友。在参观校园时，妈妈要给孩子讲解哪里是教学楼，哪里是操场，哪里是升旗的地方，这些地方都是做什么用的。妈妈对待学校的态度会影响孩子，孩子也会试着喜欢学校，接受妈妈的暗示，认为学校是值得向往的地方。如果妈妈教训孩子,"要上小学了,上课时不许动,不许说话,否则老师要批评你的,同学们也会不喜欢你",这样的话就给孩子负面的感受。在幼小衔接的时候,从认知和感受方面开始做起,让孩子能够有积极的心理衔接,对他是比较有利的。

有一些孩子虽然到了上小学的年龄,但他们实际上还不能达到上学的各项要求,比如心智成熟度很低,行为幼稚,其他小朋友能遵守的秩序他不能遵守,能听懂的指令他还听不懂。在幼小衔接的时候,这类小朋友会非常考验父母。此时,真正需要衔接好的是父母的心态,要认识到自己的孩子恐怕在心理发展、行为发展方面相对落后。但父母不要过度担心,通常等一等就会达到要求的。

有一件事情的衔接同样重要,那就是孩子的睡觉问题。经常有人问,什么时候孩子可以跟父母分房间睡觉?在我看来,从幼儿园毕业,准备上小学的这个暑假就是一个非常好的机会。父母可以对孩子说:"你要上小学了,那就是一个小学生了,所有小学生都要有自己的房间,所以爸爸妈妈把你的房间布置好了,你去看看喜不喜欢,还需要什么东西。"这是一个认知上的说明,让孩子做好心理准备。如果孩子需要过渡,可以父母加孩子三个人一起住进去。第一个星期,孩子睡在床上,父母睡在地板上。一个星期以后,建议爸爸退出去,妈妈再陪一个星期。第三个星期,妈妈一、三、五全夜在,二、四、六只有上半夜在,下半夜不在。第四个星期,妈妈只有上半夜在,下半夜都不在。第五个星期,妈妈只有一、三、五上半夜在,二、四、六整夜都不在。第六个星期,妈妈只有一个晚上上半夜在。再往后妈妈就退出了，让孩子一个人睡觉。孩子是很容易受暗示的，天黑以后容易恐惧，父母可以为他准备一个按铃，放到他床头。只要他一按，父母房间就会有铃声响起来。父母告诉他，只要一按铃，爸爸妈妈三秒内就会出现。孩子一开始肯定会试两下，父母及时出现，他就知道自己很安全。如果这样不行，孩子还是半夜跑过来，妈妈可以告诉他一个咒语，让他千万不要告诉别人，只要一念这个咒语，他就非常非常安全，这会是一个很好的暗示。这个咒语可以随便编，比如"铁壁铜墙升起来，妖魔鬼怪进不来"。妈妈对孩子说："这是外婆传授给妈妈的，妈妈再传授给你，你害怕了就念一念，就安全了。"这都是正面示范和暗示，只要循序渐进地推进这件事，孩子都能独立入睡。

孩子的发育是不同步的，比如有的孩子动作发育超前一些，有的孩子认汉字超前一些，有的孩子的行为年龄要比实际可以进小学的生理年龄晚半年，甚至晚一两年，更适合晚点再进小学。父母如果心里清楚不同孩子的节奏不一样，就会选择合适的策略。我不提倡孩子过早跟父母分房间睡觉，不需要拔苗助长。父母可以循序渐进前进，给孩子更多时间和空间，会比较合理和安全。

怎样顺利适应上课和做作业

幼儿园的课堂跟小学的课堂不同，幼儿园不要求严格遵守纪律，对孩子行为的约束也比较少；上小学孩子需要严格遵守时间规定，按时到校，铃响了才能下课，课堂上不能乱动，听不进去也要坐着。此外，小学生还需要每天写作业，写得不好会被批评。这些对幼升小的孩子来说，都是极大的改变。

我们怎样让孩子顺利适应上课和做作业呢？建议家里人搞一个模拟课堂，爷爷奶奶和外公外婆都过来当学生，妈妈做老师，爸爸扮演一个不能遵守课堂秩序的学生。妈妈说："小朋友们，我们现在开始上课了！接下来，老师有个问题要问小朋友。"爸爸跑到讲台上来："老师，我会！"妈妈说："小朋友回答问题时应该怎么做？要举手，老师点到你才可以站起来回答问题，所以请你在座位上先举手，不能跑到讲台上。你看奶奶同学做得多好，奶奶同学就在座位上举手，你要向她学习。现在请你退回去。"让旁观的孩子知道，课堂发言要举手。然后爸爸不开心，坐到地板上了。妈妈说："这位同学坐到地板上了，上课时要端坐在椅子上，不可以坐在地板上。有什么事情可以下课后找老师解决。你看奶奶同学、爷爷同学都坐得很好。请你坐到凳子上，这是上课的纪律，知道吗？"再过一会儿，下课铃还没有响，爸爸站起来要往外走，妈妈说："请你坐下，下课铃响了以后，老师说起立和下课，我们才能离开。奶奶同学和爷爷同学做得很好，宝宝同学也做得很好。"通常老人很少会讨论有关课堂的事情，孩子对课堂是什么样子缺乏认识，如果进行模拟课堂的训练，让他比较顺利地适应课堂的基本规则，将来进入真正的课堂就会比较顺利。

孩子上小学后，新生的父母有一个通病——孩子回到家，老要问他:"你今天举手回答问题了吗?其他小朋友表现怎么样?"父母是这样理解的:孩子在课堂上举手发言意味着他很认真地参与学习。殊不知,父母这样做给孩子增加压力。孩子的个性是不同的,有些孩子喜欢在群体中发言,有些孩子并不喜欢讲话,但这不等于他们没有理解授课内容。如果回到家父母总是问他是否在课堂上发言了,会使这个孩子上课时感到紧张,总在想自己要不要举手发言;万一举手了,老师没有叫他起来回答问题,他就更纠结了。本来他认真听课,父母的询问反而给他制造了麻烦。每个孩子是不同的,让他在课堂上自由自在,放松听课,不要烦他,是幼小衔接中父母要注意的事项。

上小学后孩子需要做作业,现在辅导小学生做作业几乎是个灾难,哪家不觉得做作业这件事情很麻烦?如果孩子三点半放学后能自觉、主动地做作业,家庭教育就算成功了。在作业这件事上要培养这样的模式:孩子回到家中先给他点吃的,免得他肚子饿。吃完后将他带到书桌前,对他说,"你在这里做作业,我有事情要忙,先离开了"。他可能看两页书,拿起玩具玩一玩,然后再写两个字,之后又去玩了。只要他没有寻求帮助,就不要理他,让他自己处理作业。孩子写一会儿作业就玩一会儿很正常,不用大惊小怪。养成习惯后,孩子会很安静,一回家就去做作业,因为从上学的第一天开始他就是这样做的。

现在为什么做作业这么困难,是因为父母不允许孩子不在父母的监控下做作业。父母要看着孩子,让他在父母眼皮底下做作业。父母成为监管者，孩子成为囚徒，然后囚徒要越狱，监管者不肯，就展开了大战。经常有人问好习惯怎样养成，我说就是这样养成的，父母只要安心，就做得到。等父母下班了，孩子作业已经写好了，双方可以一起玩，享受亲子时光，而不是展开攻防战。

还有一个问题是，在作业管理上妈妈的耐心非常重要。为什么没有提爸爸的耐心，而要提妈妈的耐心？因为妈妈跟孩子的关系是特殊的，孩子九个月内与妈妈共生，又吃母乳长大，妈妈说出的话具有特殊意义。有一个概念叫"社会性参照"，指发展中的个体通过接受和使用他人对某一情境的反应，形成自己对情境的理解，尤其是对他人情绪信号的理解。当婴儿处于陌生的、不能肯定的情境中时，他们往往从成人的面孔上搜寻表情信息，然后采取相应的行动或作出相应的反应。也就是说，婴儿时期孩子就会看人的脸色，观察人的表情了。婴儿最关注的首先是妈妈的脸，妈妈对他微笑，他就会饱受鼓励；妈妈皱起眉头，他就会缩回来。所以妈妈提起做作业这件事时一定要微笑着说，一脸阳光灿烂，让孩子感觉到，妈妈很愿意看他做这件事。不要一看他在做作业，妈妈就皱起眉头，板着脸说："快点做作业，否则明天交不上去，老师会批评你。"用这种情绪应对孩子做作业，孩子当然把做作业当成苦差事。妈妈都不愿意看他做这件事，他干嘛愿意做这件事？妈妈有没有耐心是孩子愿不愿意做作业的重要因素，这很考验妈妈，但也是幼小衔接中需要做好的事。

不要制造焦虑

现在的父母普遍焦虑，都希望自己的孩子是"牛娃"，最好还是"金刚牛娃"。孩子的生活中充斥着各类培训班、提高班，周末也没有喘息的机会。父母以考名校为目标，天天紧盯着分数，逼着孩子追求前几名的位置，给孩子增添了很大的压力。父母有没有想过，父母的期望可能会把孩子压垮？

我们讨论一下父母的情绪问题。现在父母的共通点是，大家都深感焦虑。不管哪个阶层，焦虑情绪都在蔓延。尤其是妈妈，更容易焦虑。"不要输在起跑线上"，这句话就是焦虑情绪的体现。所谓的起跑线是个典型的错误认知。"我的孩子从上学就开始起跑了，如果他跑在前面，将来学习优秀，长大也会成为有本事的人。"父母如果这样理解起跑线，就会很着急，一开始就想看到自己的孩子跑在前面。如果孩子的成绩和表现暂时落后，比如默写不出来，经常写错字，父母会焦虑万分，到后来方寸大乱。父母开始给一年级的孩子请家教，报一大堆辅导班，这些显然都是焦虑反应。如果父母保持这样的心态，孩子的表现即使一时变好了，也缺乏可持续性。孩子身后跟着一对制造焦虑情绪的人，本来在学校就很紧张了，回到家里也没法喘息。他像一根橡皮筋，在学校里老师拉一拉，回家后父母再拉一拉，拉得那么紧，怎么有弹性？没有弹性的孩子有什么症状？就是没有动力，生活内容都是外在力量强加给他的，他缺乏内在学习的动力，体会不到学习的乐趣。

父母要想清楚，我们把孩子带到这个世界上来是为了什么。如果孩子没出生前就知道，父母带他来到这个世界上的条件是，他必须成为"牛娃"，他说不定吓得不敢来了。最初父母生育孩子，是致力于生出一个"牛娃"来吗？人有各种活法，有人在舞台上发光，非常闪耀；有人在舞台下鼓掌，顺便嗑瓜子，各有各的乐趣和烦恼。人生一定要辉煌？一定要取得所谓的成就？这种东西如果不探讨清楚，父母还秉持功利的价值观，就没法真正解决问题。

每个人都生活在自己所属的时代中，当代父母所属的时代鼓励培养精英，而父母对精英的理解又非常狭隘——精英无非是占据更多的社会财富，再加上一点特权。但孩子所属的时代不一样了，他们要做自己，活出自我。父母意识不到这一点，育儿中的冲突会越来越多。孩子稍微落后一点，成绩不太好，父母的表现就像要发疯一样。曾有个新闻，一个妈妈跟孩子一起从楼上跳下去，就是因为孩子考试成绩差。考得差就要人命？这都是观念决定的，所以一定要克服。

一开始就焦虑不堪，各种不良情绪伴随着孩子进小学，这才是最差的幼小衔接。父母的焦虑不能扩散到孩子身上，孩子不是弥补父母心中遗憾的工具。孩子长大了，进入了基础教育系统，这件事是自然而然的事，值得庆贺。但很多父母将其视为很严重的事情——"我们孩子要上小学了，这个事情很重要，我一定要让他进最好的小学，找到最好的老师。"这些话实际上反映了父母的焦虑，有时还映照出父母的虚荣。虚荣是很浅薄的东西，不堪一击。我曾见到一个父亲，他儿子的字写得不错，他还是让儿子天天练字。儿子没兴趣，烦死了。我问他为什么一定要练字，他说自己写字很难看，所以希望儿子写字好。我告诉他，自己写字难看应该自己去练啊，就像嫌自己丑应该自己去整容，不能让孩子替父母整容。内心的这种虚荣是教育之大忌。

什么是好的心态？不慌不忙就是好的心态。真正的读书人是怎么培养出来的？都是一代一代传承下来，对读书有真正的兴趣，慢慢读，仔细读，依据自己的兴趣读，才出现了真正的读书人。焦虑的父母最多培养出能考试的人，不可能培养出读书人。我见过太多失败的"牛娃"，他们的成绩不错，但是最后出现各种问题——厌学、逃课、拒绝考试，甚至辍学。人有内在向上的力量，体会到学习乐趣的人才能长久发展。人的一生很长，一时的成败根本不重要。

帮助孩子掌握学习技能

幼小衔接的另一个重要内容是学习技能上的衔接。它包括听说读写技能上的衔接，其中很重要的技能就是写字的技能。在低年级孩子中，上小学后最让他们苦恼的事情就是写不好字，字歪歪扭扭的，或者缺笔少画。

为了应对这个问题，父母可以帮助孩子锻炼手指的力量。孩子的小肌肉发育还没有结束，手指的力量普遍不够，而写字是需要力量的。父母可以做十个小沙袋，就是我们小时候常玩的玩具，一个小沙袋装三两米。每个小沙袋上面缝根绳子，做出一个小圆圈。孩子看电视的时候让他把手伸着，把十个小沙袋吊在他的手指上，如果感觉很重就拿掉一个。锻炼手指的力量对孩子有益无害，让他尽量多撑一些时间。也要锻炼手臂的力量，可以将一次性杯子剪掉一点，放在他的手臂上，像杂技演员一样伸着胳膊走直线，不要让杯子掉下来。走的好了可以在头上再放一个。写字是手臂和手指的配合，没有力气就没法长时间写字。

父母还要锻炼孩子的协调性。协调性差的孩子做一些动作很快就累，坐在凳子上也容易歪来歪去，坐不直。父母可以在家里备根绳子，每天让他跳三分钟绳，一边跳一边数数；定个目标，每天跳300个。这样做总是有益无害，起码锻炼了身体。如果孩子上幼儿园时涂色总是涂出框外，有颜色溢出来，说明他手眼协调能力差。以后老师在黑板上写字，叫他抄下来，他总是看一撇抄一撇，看一竖抄一竖，动作慢又容易出错。父母需要提前帮他进行手眼协调的训练，可以拿一个碗，放上一两赤豆和一两绿豆，混合起来，将他的一只眼睛蒙起来，让他把赤豆和绿豆分开。记录时间，如果这次是五分钟分好了，下次希望他用时减少十秒。或者去买一点玻璃弹珠，各种颜色都买一点，花花绿绿的，放在盒子里，让他用勺子去舀弹珠，将它们按颜色分开。这样做都可以提高手眼协调能力，可以使孩子进小学后写字有力和保持一定速度。

如果孩子刚开始写字就出现严重的汉字偏旁写反掉的现象，同时b，p，d，q无法写准确，也会写反，父母就要注意，要去找专业老师，看看怎样帮助孩子。大量训练会让孩子的表现有所改善，但彻底改变是很困难的。

幼小衔接的技能训练是可行并有用的，它比提前学习重要得多。有些父母生怕孩子进小学之后表现不好，怎么办呢？提前学呗，笨鸟先飞，上学前就把汉语拼音全学会，再认识一两千个字，总会成绩好了吧？成绩好了，孩子就会对学习有信心，爱上学习。这是父母的心态，但其实这是个误区。孩子认识字，但是写得不好，他照样很沮丧。技能训练好，一开始上手就很顺利，这才真正让孩子自信，他凭借自己的能力掌握了学习内容，而不是提前抢跑。

幼小衔接上，老师的作用也很大。一群孩子进入小学，一开始总会出现不适应和各种问题，如果老师有心理预期，耐心帮助孩子，一般来说，他们都可以顺利渡过难关。和孩子接触最多的是班主任，班主任温柔细致，又有正确的教育方法，孩子就走运了。有的父母择校，其实至少在上海，学校的硬件条件都很好，很少有巨大区别。真正的区别在软件方面，软件主要指老师的素质。择校不如择老师，尤其是班主任，责任重大。一入学遇到什么样的老师，对于孩子对学校和学习有什么样的感受至关重要。

第十一堂课：

增加动作训练

在幼儿阶段需要增加动作训练，运动能力差绝非小事，它不仅影响学习，而且影响幼儿的社交表现和自信心的建立。

丰富的动作训练很重要

我们现在的孩子大量时间都坐着，户外活动越来越少，所以感统失调的孩子越来越多。此外，有太多孩子发展得不平衡，某一方面很超前，另一方面非常落后。例如，因为父母对孩子学业的重视，超前学习的孩子越来越多，有些还在上幼儿园的孩子已经认识了一千多个汉字，会计算一百以内的加减法了，少数孩子甚至会说一口流利的英语。他们当然很聪明，但是在其他方面展现的技能非常落后，形成鲜明对比。比如他们看不懂成人的脸色，不知道怎样和其他孩子相处，一起玩的时候总是不欢而散；或者情绪不能自控，生气了就大喊大叫，甚至用头撞墙。这类孩子通常缺少动作训练，很少参与群体游戏。

胎儿在母亲子宫中孕育时，神经就开始发育了。子宫条件不同，对神经发育也会有影响。子宫条件对父母来说为时已晚，没有什么好谈的。但孩子出生后神经继续发育，此时父母的努力是有用武之地的。首先，怎样判断孩子的神经发育好不好？两个孩子没有其他生理问题，年龄相当时，判断标准通常是动作，而不是智能。

一个孩子会背古诗，另一个不会背，如果说会背古诗的孩子神经发育好，那是不准确的，这可能是机械识记的结果。但在动作方面，动作的灵巧度可以体现神经发育的程度。动作既是刺激源，又是判断标准。如果孩子小动作很灵巧，大动作也能达标，显然他的神经发育良好。

促进孩子神经发育的两个办法，一个是增加营养，另一个就是丰富的动作刺激。营养在这个时代不是问题，极少有孩子缺乏营养了。在动作刺激方面，还是有不少孩子有所欠缺的。这方面的主要障碍是父母的观念。太多父母认为，孩子的学习更重要，动作是随着年龄增长自然而然学会的，即使晚一点学会也没关系。如果现在有两个早教机构找到父母，一个早教机构说，它可以让孩子学习识字，训练孩子自己阅读绘本；另一个早教机构说，它有大型动作器械，是普通家庭无法购买的，占地面积很大，可以让孩子们摸爬滚打，进行各种动作训练。父母会选哪一个？或许很多父母会挑选前者，但我建议他们挑选后者。孩子的成长时间有限，用在什么地方最值得？如果只有一个选项，就应该用在动作刺激上。

我用一个动作发展实例来举例，即爬行。爬行是婴儿的标志性发展，它不仅意味着动作的发展，还意味着其他各方面能力的锻炼与提高。通常婴儿七八个月大时开始学习爬行，之前他经常躺着，脸对着天花板，爬行意味着他的视角不一样了。现在他可以自己行动了，既可以探索周边的物体，又可以主动离开妈妈。婴儿可以看到妈妈的走动，眼睛盯着妈妈，发现妈妈离他远了，又离他近了。

如果他想，他能够主动靠近妈妈；如果他不想，他可以去寻找其他东西，他拥有了自主权。他既了解了分离是什么，又能够掌控它带来的感觉。爬行就让这个孩子进步了，跟妈妈的关系也改变了。它训练婴儿适应亲子分离，降低分离焦虑。爬行好像一个里程碑，婴儿从一个阶段进入另外一个阶段，妈妈也会将爬行的婴儿视为更成熟的孩子，需要用新的态度去面对他。爬行还可以增加妈妈与婴儿的互动：婴儿爬到妈妈跟前，妈妈就很容易去逗他，跟他玩，抱他在腿上，这就增加了亲密互动，使得母婴亲密程度提高。这对孩子的神经发育大有裨益，因为这是婴儿主动获得的社交模式和社交经验，直接影响他理解他人情感能力和与人交往能力的发展。爬行使婴儿的情绪体验更丰富了，因为他看到的人脸更多了。与躺在床上相比，爬行时跟人交往的可能性更大，这就会为他增加新的情感体验和社交经验。如果一个孩子始终没有学会爬行，或者很晚才会爬，他的进步就会很慢。我们在孤儿院做项目的时候，就跟院方提到，要让婴儿和幼儿增加动作训练。现在孤儿院硬件条件不错，孩子吃的饭是营养师配的，房间里家具、家电一应俱全。平时还有志愿者给孩子辅导功课，目前欠缺的就是动作刺激。孤儿院里的孩子在很小的时候常常缺少人带他们外出，缺乏丰富的环境刺激，为了便于看管也会限制孩子的活动范围，动作训练变少。其实，如果训练好看管的人，清理出一片安全区域，让孩子在里面自由爬行和活动，是非常有利于他们的神经发育的。

很多婴儿和幼儿由老人看管，老人常常精力差，活动范围小，孩子就容易缺乏动作刺激，比如不能经常跑跳和嬉闹。错过了关键期，或者在关键期刺激不足，孩子会动作不协调，甚至会感统失调。感统失调的孩子城市里更多，其中一个原因就是，农村孩子活动范围大，可以在土地上跑来跑去，与一群小伙伴打闹，刺激足够多，神经发育自然会更好。

我们不要太轻视孩子的动作发展，太注重孩子的智力进步。两者是互相促进的，缺一不可。

重视幼儿的运动能力

父母们往往重视智育，轻视运动能力，但如果一个孩子的运动能力落后于他人，例如不会踢球，跑步也没有别人跑得快，做操慢半拍……他的自信心就会受到打击，产生自卑感，甚至觉得自己是一个比别人差的人，影响自我意识的发展。

运动能力会影响自我概念的形成。自我概念是一个人对自身存在的体验，包括通过经验、比较和反省，逐步加深对自己的了解。一个人怎样形成自我概念？人是通过与他人比较，得到他人对自己的反馈和自我感觉来形成对自我的认识的。在幼儿阶段，比较的是什么？谁速度快，跑在最前面；谁动作灵巧，什么都会做；谁能爬上最高的栏杆，或者敢从最高的滑梯上滑下来……这些是最明显的指标，是孩子最直接的判断。运动能力强的孩子，其自我概念显然要优于运动能力弱的孩子。在幼儿园里也是如此，如果一个孩子的动作灵巧度比别的孩子高，跑得也快，老师叫他做什么动作都能做得很好，接皮球都接得住，这个孩子就会很自信。另一个孩子与其相反，他的动作发展明显落后于同龄孩子，比较迟钝，别人跑在前面，他只能跟在后面，这当然会影响他的自我概念。比如幼儿园做广播操，老师在前面教，有个孩子总学不会，老师可能说："你怎么还没学会？你站在后面，看看别人怎么做。"他会觉得自己不行，"我不够好"从此写入他的心灵。

运动能力强的孩子会接受丰富的动作刺激，促进神经功能发展，进而影响孩子的智商表现，对其日后承受压力的能力、注意持久能力和记忆力有深刻影响。举个例子：一个孩子动作发育以后，他才会跟随他人注意同一个玩具。婴儿坐在推车里，上面吊着一个玩具，妈妈对他说："宝宝，快看，这个玩具真好玩。"妈妈在看这个玩具，宝宝也会同时看这个玩具，追随妈妈的视线这个动作发育到一定程度才会有。当婴儿能跟随他人去注意一个物体的时候，说明他能够听懂他人的信号了，他的身体动作发展到能调整自己的注意指向的程度，这就是动作发展与人的共同注意建立联结了。当一个孩子开始上小学，他跟随老师学习，必须随着老师的指示去实现共同注意，老师让他关注什么，他就要关注什么。有的孩子会不由自主地分神，大家都在看黑板，他却在摸橡皮，有时未必是他主观上故意不听课，可能是无法长时间维持共同注意。如果幼小时就注重这方面的训练，用动作刺激他，其表现肯定会更好。

运动能力也与同伴接纳具有正相关。父母可以到小区中小朋友聚集的地方去观察，有时候三五个小孩玩得很开心，此时有一个孩子想参与。如果这是个运动能力很差的孩子，一开始这三五个小孩还跟他玩，过不了一会儿，他就会被挑出来，孩子们跑远了，不和他玩了。运动能力强的孩子加入后，因为出类拔萃的表现，他很快会成为"孩子王"，其他孩子围着他跑。现在因为小朋友聚在一起玩的时间变少了，所以父母们不熟悉这种情况了。在小朋友的世界里，哪个小孩跑得慢，不管干什么都落后，会非常明显，进而影响他们的情绪和选择，影响自我意识发展和对自己的认知。我们要在这个高度上理解动作能力，才会重视它。

现在父母常常是在特殊情况下才会想起训练孩子的动作能力。比如孩子早产，在暖箱里待了两个月，医生说他的评分不达标；或者医生告诉父母，孩子可能有轻度脑瘫或肌张力不足，跑跳能力很落后，父母着急了，回家后开始进行动作训练。但实际上，有很多孩子需要增强运动能力。平时孩子很懒，没有力气，不爱运动，父母不以为然。上学后发现，孩子的学习也出问题了：老师在讲台上讲课，他只听前三句，后面就分神了，跟不上节奏；抄作业总是缺笔少画，默写生字总出错……此时再去干预，当然没有幼儿园阶段就干预效果好。此外，病理性问题的动作训练要频繁和持久。有个孩子感统失调，到儿童医院做感统训练，一个星期去三次，一次去一个小时，效果不佳。父母来问我，训练两年了，怎么没有效果？我说这点训练量根本不够。如果是正常的孩子，这样训练是可以的，这是帮助性训练；病理性问题需要的训练量更大，持续的时间更长。

如果现在孩子还处在幼儿园阶段,父母要有强烈的意识,不要忽视运动能力的发展。不要等到有问题了才来帮助他,那时往往为时已晚。

动作训练的原则与简易方法

有些小朋友很聪明,逻辑思维能力和理解力都很好,答题准确率很高,但是他的精细动作能力差,无法组装一些玩具的小零件,这也会影响孩子的学习成绩。比如因为写字慢,同样的考试时间,他只能完成三分之二的题目,还有三分之一的题目完成不了,让不少父母很苦恼。

家庭对孩子进行动作训练,要把握的第一个原则是注重发展性。这既意味着父母需要给孩子一生的发展打下基础,又意味着不能期望短期成效——今天训练,明天就要看到进步,这是不现实的。要让训练陪伴他成长,训练是一直要做的事。

第二个原则是培养自信。有些孩子确实笨拙,比如他拍皮球拍得差,他自己能够意识到,同伴也会给他反馈,此时他已经受到打击,父母不要再次打击他。有的父母会说:"为什么别人家的孩子拍得好,你就是拍不好?"来自父母的话会有更大的力量,他会很沮丧,进而认为自己这方面能力就是差,成为内心自我形象的一部分。所以父母要注意维护他的自信心,让他知道每个人的能力有所不同，有的人擅长这些，有的人不擅长；即使不擅长，勤加练习也会进步。有必要的话，父母可以讲讲自己在动作练习方面的经历，让他有共鸣。

第三个原则是快乐原则。老实说，动作训练是很枯燥的，孩子能不能从中获得乐趣，与父母自身的能力很有关系。父母准备做监工，为孩子设立一个目标，比如今天要拍300次皮球，之后心中只想着要达到这个目标，达不到就训斥孩子，效果不会好。被监视着拍皮球，没有人会快乐。孩子进行动作训练的时候，父母要陪伴孩子，同时尽量把它发展成一种游戏，同孩子花式拍球，或者自己也拍球，开展良性竞赛。不快乐的事很难持久，从训练中获得乐趣和成长，才能够坚持下去。

如果孩子有动作障碍，他可能也会有学习困难。即使他很聪明，理解力、判断力都很好，但做作业和考试时动作慢，甚至完不成，长远来看，肯定影响学习表现。不是内容不会，而是写不出来，这种现象越来越多。小的时候只是影响自信心和学习成绩，成年后情况没有改善的话，就会影响其他方面，比如可能不适合开车。出车祸的驾驶员中，有感统失调问题的人比例很高。感统严重失调的人，他看到、听到和手中摸到的东西，所带来的信息在大脑中无法良好整合，自然容易判断失误。尤其是疲惫的时候，注意力较易分散，外面的信息刺激比较多或突然变化时，比如某辆车突然插入前方，他的大脑就混乱了，当然会出问题。

在家里，父母可以采用一些简易的方法刺激孩子。在触觉刺激方面，如果孩子很小，比如三岁以内，可以找一个软毛刷子，在他身上敏感的地方刷一刷，耳后、脚底等地方都可以。刷得越多，他每个地方获得的刺激就越多，进而触觉刺激的敏锐度就越高。这只能在孩子小的时候进行，大了就作用不大了，所以小时候要有广泛的触觉刺激。上幼儿园的孩子，我们鼓励他们凑在一起进行身体类游戏，哪怕是没事挤成一团也是好的。不要让孩子在幼儿园里冷清地一个人坐着，人对外界的反应，比如对他人的情绪、动作、触碰的认知和反应，都是需要练习的。总是一个人待着，其反应就会很迟钝。自闭症的孩子常常对触碰和拥抱等没有反应，身体很僵硬，别人推他一下，他对这个动作的解读也与他人不同。想要让孩子感觉很准确，就要多触碰他的身体，尤其是幼儿阶段，多多益善。

在大动作方面，比如跑跳，多加注意的话，训练机会很多。比如勤上楼梯，让孩子多去拿东西，经常跑上去，跑下来。公园里还有蹦床，可以让孩子垂直跳，也就是弹跳。在父母保护的情况下，可以鼓励孩子从较高的地方跳下来。

在平衡感方面，最好的训练就是踩着路沿石走。路沿石那么常见，一出门就能见到，找个不靠近马路的，让幼儿在上面走路。路沿石就是最好的平衡木，幼儿也喜欢在上面踩着走，这是个很自然的游戏。等他走得很平稳了，可以让他跳着走，从双脚跳一直发展到单脚跳，不能掉下来。平衡感不好的孩子协调性差，荡秋千都会歪来歪去，坐不直或站不直。荡秋千也是一种训练方法，孩子通常很喜欢，可以让孩子有机会就荡秋千。

以前看过一个研究，筷子拿得越好的孩子，其语文学习成绩也越好，两者存在正相关。对中国人来说，拿筷子是个典型的精细动作，要动用手指小肌肉，让它们保持协作。拿筷子拿得早、拿得好，代表着孩子神经发育好，灵巧度很高，语言方面也会表现得很好。

我们要意识到，孩子的发展是整体性的。动作差影响孩子的方方面面，绝不是细枝末节之事。幼儿阶段是打基础的阶段，不要错过动作的最佳发展时期。

帮助有运动障碍的幼儿

对于有动作障碍的幼儿，建议从四个方面入手帮助他们。

第一，增强幼儿的方位感知训练，通过看地图培养空间感和方向感。在幼儿较小的时候，可以把他的眼睛蒙起来，让他在地板上转圈圈，然后问他卫生间在哪里。一开始转一圈，他比较容易找到方向；后来转两圈，接着再转更多圈，增加难度。平时出门多告诉他某条路通向哪里，是东西方向还是南北方向，有没有转弯，从家里出发到某个地方该怎么走，去熟悉的地方可以让幼儿带路。等幼儿识字以后，找一张所在城市的地图，最好是比较大的地图，放在桌子上，把自己家的位置圈出来，再教他看地图，在地图上寻找常去的地方。经常这样训练后，幼儿会对家周围的道路很清楚，有什么样的建筑也能讲出来。这些方法虽然简单，但对提高幼儿的空间感、方向感很有好处。要知道,空间感和方向感与数学紧密相关,方向感好的人往往数学也学得不错。

第二,进行节拍和律动的训练。可以经常放一些节奏感强的音乐,培养律动的协调性。现在很多孩子都会学某个乐器的演奏,比如学习弹钢琴或拉小提琴。如果乐感差,学习效果不可能好;音乐天赋条件好,才容易培养。怎样判断天赋条件?节奏感就是核心素质之一。幼儿一两岁的时候就可以多放富有节奏的音乐,让孩子跟着节奏跳舞或者摆动身体,看看他的身体协调性和对节奏的把握,这既是判断方法,也是训练和提高的方法。

第三,进行精细动作训练。在幼儿阶段,最简单也是最好的方法是,让幼儿做分豆子训练。就是将绿豆和红豆倒在一起,让他将其分到两个碗里。捏豆子需要用到手指,这是典型的小肌肉协作;分豆子也需要耐心,鼓励幼儿做完能培养他的忍耐能力。精细动作训练,尤其是手指方面的训练,直接影响幼儿未来的学习。一开始,幼儿五指的功能没有分化,拿什么东西都是一把抓上去或者全手握住,后来五个手指发展出不同功能,才有了捏的能力。幼儿能不能把很小的东西捏起来,体现了其手指的灵敏度,进而体现了其神经发育程度。手指越灵敏,大脑越灵活,将来写字或做手工就表现得越好。所以买玩具的时候,要多买包含精细动作刺激的玩具,让他有锻炼手指的机会,串珠、积木之类的玩具就很适合。分豆子训练的进阶版是,蒙起一只眼睛,只用单眼分豆子。它能促进手眼协调,这种训练越多越好,有益无害。孩子再长大一点,到了六七岁,可以由父母陪伴着进行穿针训练,这是难度更高的手眼协调训练。现在的孩子作业量很大,对于经常写字的孩子,其手指一定要有力量,要协调。

很多研究都证明,精细动作能力与学业成就存在正相关。精细动作能力强,可以让幼儿准确地感知字形,视觉认知一定涉及对字形的判断。我曾有这方面的经验,有一次我坐电梯,灯箱广告上写着"买眼袋满500送100",我就没想明白,眼袋怎么会买呢?等到出电梯的时候,我又回头看,发现其实是"买服装满500送100"。将"服装"看成"眼袋",这证明我的视觉认知退化了,准确性降低,对字形判断不准,不能辨认形近字了。如果幼儿的精细动作做得好,他的视觉认知一定是精准的,将来进入学校会更有优势。

第四,进行大肌肉训练。拍皮球就是很重要的训练,皮球弹到一个地方,孩子要跟过去接着用手去拍,这里面涉及手眼协调、认知皮球轨迹和预判落点等各项能力。能够判断球的轨迹并很准确地跟过去,就必须熟悉肌肉动作,这对其力量发展、肌肉和神经发育都提出挑战。我举个例子:将某个立体图形旋转180度,然后判断此刻它的形状是什么或者面积变化,这是常见的数学题。有的孩子做这种题目很头疼,其中一个原因是他的肌肉动作不灵巧。一个图形转180度会变成什么样子,再转成180度会变成什么样子,他没有概念,因为缺乏运动感觉,想象不出来。字母和汉字本身也是图形,为什么有的孩子会把b,p,d,q写反,汉字偏旁写反?其实是对图形转换不敏感。肌肉动作做得越好,图形转换就会越轻松。

此外，我看到一些孩子写作文，比如写春游，口述的时候说得头头是道，桃红柳绿，小桥流水，但写出来就成了流水账，因为写下来对他来说太困难了。"我们去春游了"，这句话在头脑中要把它变成文字，需要一个一个图形输出，所有精力都用在执行这个任务上，后面要说的就想不起来了。老师对孩子说，口述的时候很不错，为什么犯懒不肯写？这不是懒，写字是不容易的，他动作不协调，图形转换不灵活，就难以完成一篇内容丰富的作文。

在学前教育阶段，请父母把时间用在刺激孩子的运动神经发育上。现在父母经常为孩子的学习焦虑，非常看重学习成绩。孩子成绩好，父母就认为自己教子有方；孩子成绩差，就是孩子不努力。真正的教子有方是给孩子打好基础，包括神经发育的基础、运动的基础，而不是给孩子报一堆辅导班，让他超前学习。虽然不能说超前学习一定有坏处，但是孩子的时间有限，如果都用在超前学习上，运动时间和户外活动时间必定被牺牲掉，这是得不偿失的。让孩子获得丰富的身体刺激，运动能力强，会获得更长远的收益。

第十二堂课：

多动症的评估与矫正

患多动症的孩子常面临注意力不集中、社交困难、难以控制行为等诸多问题，他们是弱势群体，父母要付出更多努力，保护自己的孩子。

好动不代表多动

当父母知道"多动症"这种疾病之后,很多人会怀疑,我的孩子有没有患多动症?看看活泼爱动、没有一刻停下来的孩子,几乎每个父母脑子里都冒出过这个念头。请父母注意,多动症是一种疾病,既然是疾病,怎么可能所有孩子都得了病?这明显不可能,正常孩子当然多于患病孩子。

什么是多动症?主要表现为与年龄和发育水平不相称的注意力不集中、注意时间短暂、过分好动和冲动。其发病率一般为3%—7%,目前男女患病率不同,通常男性更容易患病。有一部分孩子成年后仍有症状,明显影响学业、身心健康以及成年后的家庭生活和社交能力。多动症最核心的症状就是难以集中注意力,或者即使集中了注意力也难以持久,比如学习或者打游戏的时候注意不到细节,很粗心;没办法长时间做作业或听课,因而完不成学习任务;平时丢三落四,经常忘记事情或把东西落在什么地方。

我们在分辨多动症的时候存在误区——几乎所有父母都对自己孩子的注意品质不满意,但这只是父母的不满意,未必真的符合诊

断标准。有的父母觉得自己的孩子很难保持注意力，实际上他跟别的孩子在一起的时候，未必比别的孩子差，只是父母一直不满意而已。我们诊断、评估一个孩子是否患了多动症，不能根据简单的现象或者父母看到的某些行为来确定。

孩子都好动，怎么区分好动和多动？关键的一点是，要看他的"动"有没有目的。多动症的学名是"注意缺陷多动障碍"，指明患儿在注意方面有缺陷，没法持久注意某一事物；和普通孩子不一样，他们的行为常常没有目的。这在学习上表现得很明显，有时候试卷上所有的计算题都可能出错；做递等式计算的时候，每道题都会步骤不对。出错的地方也莫名其妙，比如把"27"看成"72"，答案漏掉了一个"0"，把加号看成了减号……即使是玩游戏，这类孩子也很难保持注意力，也就是说，和一群孩子一起玩他也玩不下去，玩了一会儿他就开始捣乱。有时候父母觉得，叫了孩子很多遍，他却不理人；或者跟他说去做什么事情，他不肯去……其实他听都没听到，当然无法完成任务。有些父母看到自己的孩子做计算题错误率很高，就责问他为什么不认真，但这当然不是他不想认真做。

患多动症的孩子欠缺计划性，很难有条理地组织任务和活动，是一个"没头脑"的人。正常的孩子发展到幼儿后期，其行为都开始有计划性——"妈妈，我们今天早上去外婆家，下午去锦江乐园，晚上我们到饭店吃饭。"这就是有计划、有目的地做事。患多动症的孩子做事情乱七八糟，经常逃避不喜欢的活动或需要投入持久的脑力的任务,所以难题一来,他一定会回避。持久用脑需要一定的神经强度,他达不到,因而做不到。这类孩子经常被无关的外部刺激吸引,比如他坐在教室里,有人在教室外走过去,马上就吸引了他的注意力。所以不建议让这类孩子在教室里坐在门口或者眼睛能看到门外情况的位置上。

他们也经常忘记日常事务。父母跟他讲好,下午几点要去什么地方。到时间了,他没有来,原来是忘记了。他们还经常丢失完成任务或者活动所需要的东西,带出去的东西总带不回来。

患多动症的孩子通常会出现社交问题。他们经常处于"忙碌"中,像被马达驱动一样,总是跑,没法安静,睡觉的时候甚至也如此,身体会突然动一下,睡眠状态很差。他们做作业不是坐在凳子上写字,经常是跪在凳子上或者蹲着写、站着写、摇晃着身子写;经常在教室以及其他应该坐着的地方离开座位,不能很好地坐在座位上,有时上课时会走出去,经常让教室里的老师非常恼怒。他们还会在不恰当的场合过分奔跑,这些都会让他们不受欢迎,进而导致被排斥,没有人愿意和他们做朋友,出现社交问题。老师和同学常觉得他们很讨厌,很难体谅他们的真实处境。本来这类孩子的心理发展就比同龄孩子慢,很幼稚,不知道某种场合不适合奔跑,被同伴排斥更让他失去和群体相处的机会,无法学会社交技能。

这类孩子还会出现品行障碍。他们过多地说话,不停地干扰别人;情绪冲动,举止不当。比如很难排队等候,一群孩子排队玩滑梯,还没有轮到他,他就冲到前面,如果有人拦阻,还会动手打人。患多动症的孩子要什么东西就要求马上得到，不然就躺在地上打滚，乱发脾气。有时候还没有理解别人到底是什么意图，他已经去推人、打人了。

父母可以对照一下孩子的表现，如果具备以上多种症状，就需要注意了，早去诊断和治疗，会有一定效果。

多动症的诊断要点

对于多动症，人类现在没有客观的诊断依据。不能够像一些医学疾病一样，做一个核磁共振，验一滴血就能够确诊。目前的诊断标准是主观的，比如让父母根据孩子的情况填表格，主要依据父母对孩子的观察。这里面观察的准确性、父母判断力的高低都会有影响，经验丰富与否变得非常重要。对医生来说也是如此，医生遇到的多动症患儿有多少例，症状明显与否，有没有遇到特例，都会影响医生的诊断。所以目前经常出现诊断不一致的现象：父母去A医院，医生说孩子患了多动症；又去B医院，医生说没有患多动症；再去C医院，又一个新结论。这让父母无所适从。

我们为什么容易误诊？因为多动症涉及情绪、行为问题。比如，一个孩子上小学三年级，一年级、二年级时都好好的，到了三年级，爸爸妈妈打架之后离婚，家里气氛差，这个孩子身上出现了很多坏行为。把他送到医院，跟医生说他的情况，听起来问题就是上课不听讲，动来动去，还会打人，和多动症症状一样。但是，这其实是性质不同的两类问题。多动症实际上是神经功能问题,孩子不能控制自己的行为;案例中的孩子是因为情绪和家庭变故导致行为混乱,这是可逆的。经验不足的医生可能判断错误,将其归为多动症。

父母产生怀疑,觉得孩子应该到医院里诊断一下之前,要先想想孩子幼儿园阶段的表现。上幼儿园的时候,老师都说他很正常,表现得不错,上了小学反而患了多动症?这是不可能的。这种情况就要寻找情绪变化、环境变化、意外刺激等方面的原因。我们现在经常出现一种现象:老大之前好好的,妈妈准备生老二。只要妈妈一怀孕,或者老二出生后,老大就开始行为混乱,出现各种问题。这里面的主要原因是老大有了不良情绪和某方面的压力,这类情况就给医生的诊断增加了困难。

因此,多动症的诊断要点之一是,症状很早就存在,不是上小学后才出现。之所以这样提醒,是因为很多父母是在孩子上了小学后才觉得出了问题,带着孩子去医院。小学老师往往会向父母反映孩子的情况,提醒父母带孩子去医院。但绝大部分神经功能问题早期就存在,一般不会到了六七岁才出现。除了常见症状,作为父母,在孩子一两岁的时候,可以观察一下他的睡眠情况和步态。患多动症的孩子经常浅睡眠,容易惊醒;喜欢踮脚走路,以足尖着地,还会以跑代步。此外,他们容易出汗,稍微一动就满头汗。这些现象都存在就要稍微警惕一下,再观察一下他的注意品质以及与同伴相处的情况,进行下一步判断。

诊断要点之二是，多动行为比同龄儿童更严重。所有孩子都爱动，但是这个孩子很过分；一群孩子一起玩，这个孩子特别爱捣乱，被大家排斥。这都是症状，这些症状要跟别的孩子做比较。父母可以问问幼儿园老师孩子在幼儿园的表现，老师或许会说："你家孩子很好动。"但仅这一句话是没有意义的，老师可能对七八个父母都如此说。父母一定要问老师，孩子在幼儿园里是不是最爱动的，是不是大家都不能和孩子相处。如果老师说"是的"，这就要引起重视。

诊断要点之三是，多动行为在不同的环境中都存在。正常孩子明白不同的场合有不同的行为规范：教室里不能乱跑乱闹，游乐场里就没有关系。患多动症的孩子则搞不清楚，认知上存在问题，不管什么场合，他都不停地动。

诊断要点之四是，多动行为损害了孩子的社会功能和学习功能。父母对我说："我的孩子学习挺好的，班级前五名，但是他很爱动，我怀疑他患了多动症。"我对父母说："你们回去吧，这孩子没问题，患多动症的孩子的成绩没法进班级前五名。"成绩能够进班级前五名，充分说明他的学习能力没有受损，这对多动症患儿来说几乎是不可能的。还有父母一听紧张了，对我说："我家孩子也爱动，学习成绩还不好，是不是患了多动症？"我接着问："他和同学相处得怎么样？""很好，大家都愿意和他玩。"那么父母也可以放心，患多动症的孩子的社交功能不可能这么好。患多动症的孩子学习差，一般都是班级中垫底的，偶尔拿个中等成绩就算好成绩了；

他们一般智商中等，智商偏低的也有，很少有高智商的；他们也缺少朋友，父母有时候都难以忍受，更别提其他人。

因为没有客观的标准，评估的时候就需要把以上这些因素都考虑进去，收集方方面面的信息，才能比较准确地作出诊断。

干预注意事项

患多动症的孩子可以大致分为几种类型。第一类是注意分散型，这类孩子喜欢做白日梦，不能长时间集中注意力。在学校中他们的数学成绩很差，这可以作为一个指标，如果数学成绩好，肯定不属于注意分散型。数学是需要集中注意力去思考的学科，这类孩子是学不好的。这类孩子中通常男孩居多，女孩很少，比例大概为8∶2。第二类是多动和冲动型，这类孩子的典型症状是过分好动，非常严重，难以控制自己。第三类就是综合型，以上两种类型的症状都有。将症状分类的目的是，尽早有针对性地干预。尽早干预的基本原则是：多方面干预和多领域干预。每个领域都要努力，以减少症状，改善表现。孩子的神经还在发育，心智在慢慢成熟，认知水平在逐渐提高，父母的努力可以起作用。

有几点注意事项需要父母了解。首先，父母要面对现实，不要试图塑造一个优秀的人。孩子天生注意有缺陷，干预的目的是改善表现，而不是试图通过干预，把他变成一个注意品质很好的人，这是不切实际的目标。

其次，父母始终要有耐心。经常有父母告诉我："我们按照老师的指示已经努力了半年了，怎么感觉没什么进步？"这个问题要这样理解：如果不干预，孩子的症状评分可能是10分，干预后变成7分，到青春期后可能变成5分，成人后也许变成2分。干预会使症状的严重程度降低，而不是彻底消灭症状，甚至变成一个优秀的孩子。所以父母要放弃幻想，耐心坚持，后者可能最难。很多父母后来受不了了，觉得看不到希望，其实不是这样的，孩子的症状虽然依旧存在，但已经比不干预好多了。在成功的案例中，患儿的父母都坚持了很多年。

再次，父母要格外注意家庭环境。我们不能给孩子一个非常吵闹，甚至经常吵架的家庭环境，他们需要安静的家。家中有患多动症的孩子，父母往往会自责甚至争吵，但其实这是世界性难题，不是父母的过错。父母如果达不到理想的目标和境界，也要原谅自己，原谅伴侣。每个人都有自己的道路，需要面对自己的命运，认清这一点，就可以改变心态，坦然接受。孩子已经患病，就要帮助他，尽可能让他过得开开心心的。如果父母情绪很糟糕，总是吵来吵去，会助长孩子的不良表现。

最后，在行为管理方面，要纠正孩子的糟糕行为只能一步步来，小步子前进。孩子有太多的糟糕行为，但我们每次可以只致力于解决一个小问题。其实就算是一个小问题，纠正后他也不会立刻改正，需要多次重复，慢慢才能形成标准化行为。比如孩子从来不肯穿拖鞋，总穿脏鞋子进房间。我们想让他进屋后换拖鞋，就要提醒很多次，还要设定奖励，同时自己示范给他看，让他当面尝试，等等。所以不要低估难度，要耐心地逐个解决问题。不要把大把问题都指出来，反复指责孩子，到后来孩子就不听了，他感觉自己什么问题都做不好，用不着努力了。

在动作训练方面，如果是幼儿，需要大剂量的动作训练。所有跑跳的动作训练对孩子都是有益无害的。跑跳是大肌肉协作，是比较激烈的动作刺激。精细动作，尤其是手指的动作训练，也非常重要。还有手眼协作训练，对学习非常有帮助。有的父母把孩子送到医院里去做感统训练，父母不要只送过去就完事了，要留下来观察孩子进行了什么类型的训练，搞清楚训练重点是什么，为什么要这样做。之后回到家中，自己设计一些容易执行、更日常化的训练。去医院毕竟比较麻烦，要专门抽出时间带孩子出门，还要浪费出行的时间。在家里训练就不一样了，既方便又节省时间，容易坚持。去医院一周三次就挺多了，在家里可以日日训练。患多动症的孩子需要大剂量的训练，最好每天在家里训练三四个小时，只有父母设计出日常训练活动，才能实现训练计划，达到训练效果。这样讲不是让大家放弃在机构里训练，在机构里训练有特别的好处：孩子可以接触同类患儿，进行合作训练和社交训练，这是家里做不到的。聚在一起可以让每个孩子都得到社交机会，也容易发现孩子在社交中存在什么问题。专业机构还会设计一些集体动作，假如一个孩子动作不协调，在集体动作中就会凸显出来，方便之后的干预。

父母要有信心和耐心，给孩子提供一个安静的家庭环境，并配合奖励强化正确的行为，日积月累，就会大大改善孩子的症状。

父母要成为守护者

前面提到了多动症的诊断要点和干预注意事项，那些都很重要，另一个没有列入但会严重影响干预效果的事项是，父母要保护好多动症孩子的情绪。即使之前的措施很到位，可只要情绪问题没有处理好，后续发展就不会如意。

多动症患儿多数已经进入集体中，他们要么进入了幼儿园，要么进入了小学，生活在集体环境中，受集体的影响。每个孩子都希望别人喜欢他，但很少有人会喜欢患多动症的孩子，他们也明白这一点，看得懂别人的脸色。因为他人的拒绝，每天回家时孩子心里已经伤痕累累，身为父母，一定要成为守护者，要安抚孩子的情绪，抱抱他，让他感觉家是港湾，是可以安心的地方。

患多动症的孩子在学校通常表现不好，成绩差，不遵守规则，经常被老师批评。老师也会向父母反映孩子在学校的表现和问题，比如上课不遵守纪律，学习成绩不好，等等。老师经常联系父母，处理孩子惹出的麻烦。父母常常深感厌烦，怒火万丈，等着孩子回家，准备教训他一顿。孩子一进门，就迎来了怒吼，情绪伤害就更深了。父母必须明白，问题是由症状导致的，并不是他故意如此。如果明确诊断孩子患有多动症，父母的原则就是好好保护他。家庭必须成为港湾，而不是另外一个伤害他的地方。情绪问题一旦出现，与多动症症状纠缠在一起，处理起来会非常棘手。到最后都搞不清楚，到底是情绪问题严重，还是多动症症状严重。我接待的多动症孩子常有情绪问题，主要原因就是父母没有保护好他们。

为了让多动症患儿在学校的表现好一点，成绩提高一些，医生常常建议服药，例如服用利他林。这种药是让孩子神经兴奋的，有的父母想不明白，他已经够兴奋了，为什么还要让他兴奋？因为多动症患儿的兴奋和抑制无法达成平衡，服用后能促使患儿增强自我控制能力。注意力集中了，小动作减少了，学习成绩自然就提高了。但父母开始困扰，吃药是治标不治本，只能控制症状，还有各种副作用，断药后症状就恢复了。问题是，如果孩子上学了，需要维持和提高成绩就得服药，不服药就很难做到这一点。服药可能将学习成绩维持到中等水平，不服药通常来说孩子的成绩会很差，这是一种抉择。当然，也可以服用一些维生素，例如维生素B_6，但这是辅助性的，没有直接效果。

患多动症的孩子可能伴有其他问题，比如书写障碍、读写障碍等。在学习问题上，为了不让孩子过分受打击，父母首先要降低学习要求。尤其在小学阶段，要降低各方面的要求。父母的心态要好一点，患多动症的孩子与普通孩子不一样，不要设想他将来要发展到什么程度，取得什么样的成就，这是给自己和孩子增加压力。如果可以让孩子快快乐乐的，在人群中能与他人相处好，这就很成功了。其次，要减少学习量。患多动症的孩子只能减少学习量，千万不能增加学习量。有的父母觉得，学不好没关系，多练习就会了。

这对普通孩子来说可能是有效的，但对于多动症患儿，学习量越大，学习成绩越差。千万不要雪上加霜。最后，具体的学习任务要有具体的指导。比如数学学习很差，一定要搞清楚他差在哪里，是缺少解题方法，还是基础知识差？如果语文学习很差，是阅读能力差，还是理解能力差？或者是手眼不协调，写字太差？搞清楚差在哪里，再找专家仔细分析。可以去找学校里最好的语文老师和数学老师，请他们帮忙分析，让他们告诉自己，怎么帮助孩子，这才是科学地对待一个患多动症的孩子。如果父母能这样做，孩子的问题会逐渐改善的。他的成绩在小学阶段可能是中下等，到了中学阶段，或许就变成中等，到了高中症状减少了，说不定成了优等生。

我一直看到一些多动症患儿的父母非常失望，对自己失望，对孩子失望。孩子患了多动症已经很不幸，还要一直看着父母失望的脸。每个孩子都有自己的生活，如果父母规划得好，科学地应对和训练，多动症患儿长大后会有自己的方向和道路，可以生活得很好。父母对多动症要有全面、深刻的认识，不断地学习，成为多动症研究领域的专家，成为守护者。孩子不会辜负父母的保护和付出，会发展得越来越好的。

图书在版编目（CIP）数据

家有幼儿：给烦恼父母的十二堂课/陈默著.—
上海：上海教育出版社，2019.7（2024.8重印）
（陈默老师家庭教育支招系列）
ISBN 978-7-5444-9377-2

Ⅰ.①家… Ⅱ.①陈… Ⅲ.①儿童教育—家庭教育
Ⅳ.①G782

中国版本图书馆CIP数据核字（2019）第155405号

责任编辑　金亚静
封面设计　陆　弦

家有幼儿——给烦恼父母的十二堂课
Jia You You'er: gei Fannao Fumu de Shi'er Tang Ke
陈　默　著

出版发行　上海教育出版社有限公司
官　　网　www.seph.com.cn
地　　址　上海市闵行区号景路159弄C座
邮　　编　201101
印　　刷　上海展强印刷有限公司
开　　本　890×1240　1/32　印张5.5　插页1
字　　数　115千字
版　　次　2019年8月第1版
印　　次　2024年8月第5次印刷
书　　号　ISBN 978-7-5444-9377-2/G·7737
定　　价　28.00元

如发现质量问题，读者可向本社调换　电话：021-64373213